犯罪心理

刘建清 著

清华大学出版社
北京

本书封面贴有清华大学出版社防伪标签，无标签者不得销售。
版权所有，侵权必究。举报：010-62782989，beiqinquan@tup.tsinghua.edu.cn。

图书在版编目（CIP）数据

犯罪心理/刘建清著.—北京：清华大学出版社，2023.8
ISBN 978-7-302-64545-0

Ⅰ.①犯… Ⅱ.①刘… Ⅲ.①犯罪心理学 Ⅳ.① D917.2

中国国家版本馆 CIP 数据核字 (2023) 第 167116 号

责任编辑：	刘　晶
封面设计：	徐　超
版式设计：	方加青
责任校对：	王荣静
责任印制：	沈　露

出版发行：清华大学出版社
　　　　网　　址：http://www.tup.com.cn，http://www.wqbook.com
　　　　地　　址：北京清华大学学研大厦 A 座　邮　编：100084
　　　　社 总 机：010-83470000　　　邮　购：010-62786544
　　　　投稿与读者服务：010-62776969，c-service@tup.tsinghua.edu.cn
　　　　质 量 反 馈：010-62772015，zhiliang@tup.tsinghua.edu.cn
印 装 者：涿州汇美亿浓印刷有限公司
经　　销：全国新华书店
开　　本：148mm×210mm　　印　张：7.875　字　数：173 千字
版　　次：2023 年 9 月第 1 版　　印　次：2023 年 9 月第 1 次印刷
定　　价：69.80 元

产品编号：102079-01

序言

大家对犯罪心理学的印象,可能更多地来自电影、电视剧中的情节和人物,如电影《沉默的羔羊》中那个精神病态的心理医生,电视剧《犯罪心理》中神奇的心理专家。当然,大家还会联想到现实中的某起案件,尤其是这些案件中残忍的犯罪者。

那么,犯罪心理究竟是什么?

犯罪心理就是犯罪人内心存在的犯罪动机与犯罪人格,其中的犯罪人格是指驱动犯罪人实施犯罪行为的认知、情感及外显的行为倾向。犯罪心理学是犯罪学与心理学相结合的边缘学科,是研究犯罪心理、犯罪行为与犯罪心理对策的应用学科。

在众多研究犯罪现象的学科中,犯罪心理学是其中之一。

自奥地利犯罪学家、预审专家汉斯·格罗斯1897年创立犯罪心理学学科以来的一百多年里,出现了许多犯罪心理学理论,如精神病理学、犯罪进化论、精神分析、行为主义、人格主义、神经犯罪学等,并已经广泛而富有成效地应用于打击犯罪的司法活动。这些理论从不同角度揭示了犯罪动机的形成,以及各种犯罪人的精神面貌、行为特征。

我在三十年的犯罪心理学专业教学与科研工作中,在与中国大学慕课(国家精品课程"犯罪心理学")27万注册学员的线上交流、互动中，自然地对于犯罪现象及犯罪人的特殊心理，从感性、理性上得到一些理解和感悟。

第一，在这个世界上，确实存在一些邪恶的犯罪人：在明处的或在暗处的，你注意到的或没有注意到的，他们都在那里蠢蠢欲动。无论是有预谋的犯罪还是冲动的犯罪，它们都会确定无疑地给社会及他人带来伤害。而且，是少数的犯罪人干了大部分的坏事。所以，我们有必要去了解、去研究这些特定人群特殊的心理状态。

第二，先有犯罪心理的存在，才有犯罪行为的发生。犯罪心理是客观存在的，是与社会规则强烈对抗的，也是隐蔽的。只有通过客观而可见的犯罪行为才能发现犯罪心理的具体存在及其特征。犯罪心理深藏不露，它是犯罪行为发动的内在起因，是犯罪的动力系统。没有犯罪心理，就不会有犯罪行为的发生。虽然一种犯罪心理可能有多种犯罪行为的具体体现，但是犯罪心理与犯罪行为在本质上具有一致性的内在联系。

第三，在犯罪心理产生的深层次原因中，一个人天生的生物特性和后天的生活环境与犯罪行为之间有紧密的交互作用。其中，诸如犯罪基因、神经递质异常、神经功能异常、染色体异常、性激素异常、物质代谢异常、ADHD（注意力缺陷多动障碍）等先天因素，是当代神经犯罪学研讨的核心；而在后天环境因素中，诸如早期创伤性经历、错误的教养方式（溺爱、放任、棍棒惩罚）以及青春期危机、重大生活事件的影响力受到了重点关注。但是，对某一个具体的犯罪人来说，消极的先天因素与后天的生活环境对于犯罪行为的作用力度是不同的。

第四，精神分析的理论在深度解析犯罪心理时具有独特的作用。虽然潜意识犯罪动机、性本能、人格的冲突及心理创伤、自罪动机、自我防御机制这些概念神秘且晦涩难懂，但是，它们在解析诸如病态的性犯罪、人格障碍犯罪中是极具价值的理念与路径。此外，神经犯罪学是在当代基因技术、脑电技术及精神病理诊断等技术支持下犯罪心理探索的前沿领域，具有典型的科学实证主义的特征，也是犯罪心理学走向科学主义的必经之路。

第五，犯罪心理学探讨极端的，甚至变态的犯罪心理。正如犯罪心理学开创之初的取向一样，其重点在于研究性变态、人格障碍、精神病人的违法犯罪行为产生的深层次起因及其特征。不仅如此，它还研究众多其他类型的犯罪心理，如常态下的暴力犯罪（掠夺性与情绪性暴力）、性侵害（性欲动机与非性欲动机）、青少年犯罪（青春期有限型与终身持续型）、女性犯罪（情感动机、色情与依从性、掩饰性）、群体犯罪（团伙犯罪、集群犯罪与有组织犯罪）等。

第六，犯罪心理学着力于一系列应用技术。犯罪心理学为实现其打击犯罪、预防犯罪、罪犯矫正的学科使命，特别研发了相应的犯罪心理策略与技术，如犯罪心理测试技术（测谎术）、犯罪心理画像技术、危机谈判技术、侦查与审讯技术、罪犯心理矫正技术，以及时下正热的以人工智能、大数据计算为基础的危险性评估技术（如情感计算技术）。这些实用技术犹如高悬在犯罪人头顶的达摩克利斯之剑，为刑事司法实践提供了强有力的技术支持。

第七，犯罪心理学的知识是理性与感性的结合，是人类智慧的集中体现。我们研究犯罪人及犯罪心理,需要科学实证精神,也需要从进化和社会现实的角度对人性进行深刻思考和深入体验。只有从科学与情感相结合的视角切入,才能全面而准确地看清楚人类中的这些特殊群体。

在犯罪心理学演化与发展的一百多年的历史中,有许多的学说与理论,它们仿佛从不同角度去窥视一个黑洞洞的房子,对于了解黑房子中的细节都具有一定的价值,是我们全面解析犯罪人心理的一把把智慧的钥匙。

犯罪人是实施了犯罪行为,危害了社会,社会应当对其采取矫治措施的人。我们分析各种犯罪人的时候,从犯罪警示、犯罪预防的角度看,此时的犯罪人也会指向虞犯(较可能犯罪的人)、高风险犯罪人等潜在犯罪人。犯罪现象林林总总,有预谋的、冲动的,也有掠夺性的、情绪反应性的。但是,所有的犯罪行为对于常人来说都是疯狂造次之举。同时,犯罪现象中的关键因素——犯罪人在实施犯罪行为之前、之中、之后,多数情况下又是清醒的、冷静的(即使是冲动性犯罪也有短暂的冷静期,而非完全的情绪冲动表达),其犯罪行为也是在他们自己的心智范围之内"精心策划"(至少是犯罪人自以为是的"精心策划")的。如此,他们似乎又都是理性的犯罪者,并且还持有不同程度的"犯罪合理"的逻辑。在本书解析的这些犯罪人中,既有狂妄凶狠的习惯性犯罪人,也有在特定情境下或者特定事件中突变的情绪性犯罪人,更有以反社会人格、精神病态为典型代表的掠夺性犯罪人(也是干了较多坏事的邪恶少数人)。他们可能戴着不同的人格面具,在个人欲望的驱使下实施各式各样的罪恶行为。只有层层揭开他们用于伪装的人格面具，我们才能看清楚这些犯罪人的本来面目。

本书以犯罪心理学的系统结构为蓝图，选择具有学科特殊性的知识点展开。

具体而言，本书内容包括以下几方面。

- 神经犯罪学指向：天生犯罪人争议与探索性证据、低静息心率与越轨犯罪、ADHD与青少年品行障碍；
- 精神分析指向：性本能犯罪人、神秘的犯罪情结；
- 暴力犯罪指向：掠夺性暴力与情绪性暴力；
- 性犯罪指向：性欲动机与病态动机；
- 青少年犯罪指向：青春期危机犯罪人、校园暴力、自卑—愤怒攻击；
- 女性犯罪指向：致命的情感诱惑、情感创伤；
- 群体犯罪指向：权力服从实验与模拟监狱实验；
- 变态犯罪指向：天才与疯子、精神病态、恋童癖、怪癖型犯罪；
- 犯罪心理对策指向：测谎术、心理画像技术与证言可靠性评估技术、危险性评估技术；
- 典型案例分析指向：弑母案、"开膛手杰克"案、邦迪案、猫鼠游戏案等。

本书的路径：案例—解析—启示

本书以典型案例为引导，对其中的犯罪人及其犯罪行为进行专业的心理解析，归纳对应的关键知识点，并指出这些行为特征带给普通人的警醒和启示：例如识别潜在犯罪人、预防犯罪、打击犯罪，远离犯罪风险，防范潜在犯罪动力向现实犯罪行为的转化。

只有真正了解犯罪人内在的心理特征，知晓他们想从犯罪行为中得到什么，才能更好地把握其犯罪行为的规律，才能更好地打击犯罪、改造罪犯和预防犯罪，也才能更好地保护自己和家人。

刘建清

2023 年 8 月 10 日

目录

天生犯罪人：探查神经犯罪学的新证据 …………………… 1

本能与犯罪：性爱本能的驱使 …………………………… 12

神秘的犯罪情结：爱恨交加的欲望 ……………………… 20

掠夺性犯罪人：进化中的冷血捕食者 …………………… 25

低静息心率：潜在的犯罪风险指标 ……………………… 34

青春期犯罪人：青春期危机的狂妄冒险 ………………… 39

ADHD：神经发育缺陷对青少年犯罪的驱动力 ………… 47

校园暴力：疯狂的报复 …………………………………… 53

高中生弑母：愤怒积累的火山爆发 ……………………… 64

少年的情绪化反抗：极度追求自尊与个人英雄主义 …… 68

亲妈虐待亲生女儿：情感创伤的病态宣泄 ……………… 72

犯罪实验：集体的疯狂 …………………………………… 76

天才的疯子：反社会人格者的狂欢 ……………………… 86

强奸：性欲的暴力表达 …………………………………… 93

恋童癖犯罪者：性欲倒错的恶魔 ………………………… 102

怪癖的犯罪人：成瘾的魔鬼 …………………………………… 108

纵火犯罪人：内心欲望的纵情释放 …………………………… 116

测谎技术：千谎百计现原形 …………………………………… 122

犯罪心理画像：追踪犯罪者的影子 …………………………… 131

投毒者的心理画像：隐蔽的攻击者 …………………………… 140

复仇的自杀者：报复与自我毁灭 ……………………………… 145

目击证言的可靠性：眼见的未必真实 ………………………… 150

软审讯：尖锐交锋的心理较量 ………………………………… 158

犯罪风险评估与处置：预知潜在的犯罪者 …………………… 177

弑母：极度危险的精神病态 …………………………………… 190

弑妻七宗罪：嫉妒与病态控制的欲望 ………………………… 196

狂暴的杀人者：家庭暴力的祸根 ……………………………… 206

"开膛手杰克"：标准的冷血杀手 ……………………………… 211

爱德华大夫：意乱情迷与犯罪行为 …………………………… 216

邦迪：英俊的冷血杀手 ………………………………………… 220

猫鼠游戏：高智商、高情商的犯罪 …………………………… 225

窥探：极度危险的病态人格 …………………………………… 229

附录　犯罪风险：黑化指数检测 ……………………………… 235

天生犯罪人：
探查神经犯罪学的新证据

我们经常听人说：某某人天生丽质、冰雪聪明；某某人真是心地善良的好人！同时，我们也可以反向地想一想，有没有天生阴险、邪恶的坏人呢？

这就是犯罪心理领域长期以来的一个尖锐的话题：天生犯罪人！

如果有人说：某某人出生时，仿佛嘴里含着"子弹"，他的眼神中自然地带着几分阴冷、豪横和戾气，将来必定给别人带来凶险，甚至可能就是一个天生的变态狂。

对此，你相信吗？

我们先来看一个典型的例子：一个天生变态狂的真实故事。

美国当代一位小有成就的生物学家詹姆斯·法隆（J. Fallon），是美国加州大学尔湾分校的一位教授，是神经科学的学科带头人。2005年，他被《华尔街日报》评选为十年来最有成就的神经科学家。

三十多年来，詹姆斯·法隆利用新的生物技术，即脑电图与正电子断层扫描技术（EEG、PET）来研究神经功能异常和精神疾病的关系，如阿尔兹海默综合征、精神分裂症的神经机制。后来，他又转向研究某些杀人犯的极端暴力行为的脑神经机理。经过多年的研究，他发表了很多篇为学术界认可的专业论文，其理论也得到学术界普遍的认同。

2005年，他以这些科研成果为基础在硅谷创立了三家生物制药技术公司（研究精神干预药物），都取得了不俗的成绩。

也正是在这一年，为了获得更多的正常对照组的数据，也是出于某种好奇，他检测了自己家人的脑电图，包括妻子、儿女、兄弟与自己等六个人的。检测结果出来，法隆大吃一惊：他自己的脑电图和杀人犯的脑电图如出一辙！经过多次检测后，结果都是一样的。

他惊愕地问自己，这是怎么一回事？难道是自己原先的理论有问题？不会啊，几十年的数据都支持自己的理论啊！他就问同事："说实话，你们觉得我是一个不正常的人吗？"看他问得如此真诚，一个同事回答道："说实在的，我们一直都觉得你有点像疯子！不懂人情，我行我素，有时做事很出格！"

他听后很是震惊，但还是有些迟疑。他又赶紧回家问他的妈妈："你觉得我从小到大有哪里不对劲吗？"他妈妈说："有的，有很多地方！比如虽然你在学业上一直非常优秀，但是，从小学到高中，就没有一个愿意与你玩的同伴！因为，你在绝大多数时间里只是关心自己，对别人都是冷冰冰的。"看着他惊愕的表情，他的妈妈给了他一本传记体小说《离奇凶案》，还说"答案就在其中"！

这本书记载了一起鲜血淋漓的案件：一个叫莉齐·博登的女人非常阴险且残忍地杀害了她的亲生父亲与养母。而且，这个家族在 400 多年的历史中，演化出两个分支：一支有较多的血案，被曝出很多人是杀人犯。杀害父母双亲，兄弟间反目成仇、相互残杀的事件，几乎在这个家族的每代人当中都有上演。而另一支，则有较多的抛弃妻儿的流氓恶棍。

法隆疑惑地问道：这，与我有什么关系？！

他妈妈说道，这就是你的家族！血腥的康奈尔家族！那个女杀人犯博登实际上就是你的表姐；你的一个父系先辈托马斯·康奈尔也是因为残忍地杀害父母而被处决的。你的祖辈中就有在"二战"中伙同手下士兵一起杀害犹太人的，还有强奸修道院修女的！当然，康奈尔大学，常青藤联盟的康奈尔大学也是你的先辈（埃兹拉·康奈尔）与学者怀特在 1865 年共同创立的。也就是说，你的家族既是一个血腥的家族，也是一个很有成就的家族！

听了这个故事，詹姆斯·法隆还是半信半疑。

他问道："但是，为什么，我没有成为犯罪者——杀人犯或者流氓恶棍？"他妈妈开玩笑地回答道："可能是因为我们全家都宽容待你、支持你，激发了你对科学的兴趣，你的攻击性能量都用到了科学研究的领域吧！"

此时，将信将疑的他，赶紧做了一个基因测定，发现自己确实有一项基因缺陷：他存在着攻击性很强的战斗者基因（Warrior Gene，俗称"犯罪基因"）。

这也就是说，即使依据他人的理论，也证明了自己就是一个天生的变态狂，他的脑机制与杀人犯的脑机制高度相似。

研究了 70 多个杀人狂的他，居然发现自己就是天生变态狂人群中的一员，他自己从研究的对照组直接转到了实验组。这好像是一个冷笑话！但这就是客观的事实！

后来，他还参加了许多电视专题节目，现身说法，宣传自己的学术观点；他还在美国热门电视剧《犯罪心理》第五季中，本色地出演了天生变态狂的角色。

那么，法隆关于暴力犯罪的神经学观点具体是什么？

我们知道，人是进化而来的，神经系统制约着人的心理与行为。

人的神经系统大致分为大脑皮层与皮层下功能区：大脑皮层是人类智慧的中心，其中前额叶是近10万年前进化出来的高级功能区。人的前额叶占大脑皮层的33%，而其他灵长类动物的前额叶占大脑皮层的17%，哺乳动物的前额叶仅占大脑皮层的7%。皮层下的边缘系统则是历经几百万年、几千万年演化而来的功能中心，是自动化的本能驱动的中心。

天生变态狂的神经系统是什么状态呢？研究显示，天生变态狂的神经系统呈现两强两弱的基本状态。

这些人——

第一，动物本能强烈，这是边缘系统的功能，是演化而来的本能。这也是人类和其他高等动物相似的本能，如有强烈的贪婪、性冲动、嫉妒感和仇恨之心；但是，这些人的杏仁核功能活性很低。

杏仁核是边缘系统的一个重要组织部分，是人的恐惧中心。杏仁核在人出生几个月后就激活了，到80岁时功能还很强大。这说明它在人的进化过程与个体生命历程中非常重要。如果杏仁核功能存在缺陷，就会导致这类人在面对危险情景时，产生很弱的恐惧感，甚至没有恐惧感。

第二，前额叶是人类的智慧中心，是分析一谋划的中心。天生变态狂的前额叶（外侧部）高级认知功能好，具体表现为这种人很聪明。

如果前额叶发育存在问题，尤其是眶额部存在低活性的问题，就会产生重大的情感或者道德方面的障碍。眶额部大概在前额叶的下部，它是人的道德高级情感中心。这种高级情感是人区别于其他高等动物的核心功能，体现为人具有明确的慈悲怜悯之心。相应地，如果眶额部存在低活性，那么个体的慈悲怜悯之心自然就很弱。

也就是说，这种人有强烈的本能冲动，有高智慧能力的支持，但是没有道德感的约束，也没有基本的恐惧感与悲悯之心。那么，这样的人是不是很危险呢？

也可以说，这种被称为天生变态狂的人，似乎出生时就自带邪恶的力量，仿佛出生时嘴里含有子弹：他的冲动性、攻击性都很强，而同情心却较差；当自身的目标行为遇到外界阻碍力量时，他就倾向于立刻清除障碍！让人害怕的是，这种人的智力大多还处在中上水平。

法隆在他妈妈的提醒下，对天生变态狂的理论进行了修正：犯罪动力的四要素（两强两弱）和一个保护因子（作为理论的补丁）。这个保护因子是指亲密关系的爱、积极的情感能够抑制邪恶的动力，让强烈的贪念不至于表达为犯罪行为！

也就是说，这种人如果指向犯罪行为，多数是成功的犯罪者！

但是，这种力量并不一定会导致现实的犯罪行为，这种强烈的攻击性也可能转化为一种强烈的进取心，并促使他在其从事的领域——多数是挑战性高的领域——取得成功，这是因为他可能没有太多的自我限制，可以不顾一切地完成任务、达成目标。

其实，天生犯罪人理论的鼻祖是意大利犯罪学家龙布罗梭。

龙布罗梭，犹太人，是意大利19世纪精神病学家、犯罪人类学家。他在担任军医、精神病院院长与监狱医生期间，观察测量了3000多名精神病人、杀人犯的人体，并解剖了一些杀人犯。他发现这些人要么尖嘴猴腮，要么满脸横肉，十分吓人。他还发现这些人具有平常人没有的一些生理与心理特点，如肤色较深，前额扁平、眉骨隆起、眼窝深陷，视力较好、对痛觉不敏感，很迷信，懒惰成性，没有基本的羞耻感。

直到解剖了当时意大利臭名昭著的土匪头子（维莱拉）的头颅后，龙布罗梭惊呼到：他们为什么会犯罪，仿佛是朗朗天空中的火焰那么明显啊！

他提出的天生犯罪人理论主要包括以下内容：

（1）犯罪人是变种的人，是生活在现代社会中的原始人！

（2）犯罪是原始返祖现象。也就是说，他们是天生的犯罪人！

他将犯罪人分为四类：天生犯罪人、激情犯罪人、精神病犯罪人与机会犯罪人。

其中，天生犯罪人占66%。1893年，龙布罗梭将这一比例修正为33%。

而且，犯罪具有遗传性。如果犯罪家族相互结合，就会大大增加家族成员的犯罪性。

后来美国犯罪学学者对KALIKAKO、JUKE这些所谓犯罪家族的研究，都基本上证实了犯罪性在家族中存在遗传性的这一观点。

此学说一经提出，就受到普通大众与学者的猛烈批评与强烈反对，他们认为这是宿命论与承认人种优劣的反动学说。顺便说一下，龙布罗梭是犹太人，但是他的学说后来被德国纳粹利用，成为发动战争的优生学的基础。

另一方面，龙布罗梭的著作《论犯罪人》，1876年出版时只有252页，到1895年第五版时，已经扩充到了1908页。可以看出，这种观点至少在当时是很有冲击力的，也是很有市场的。

同时，龙布罗梭的这种假说也激起了生物学家、精神病理学家对犯罪现象的研究，如遗传学的双生子研究、体型、血型、激素、染色体异常（XYY型超雄）与犯罪行为关系的研究。但是，因为受到当时研究技术与证据可靠性的限制，这些学说都如昙花一现，并没有被学术界与司法界普遍接受。

时间飞逝，100多年之后，情况有什么变化呢？

20世纪90年代以来，在新技术的支持下，学界重新激发了犯罪遗传说的研究，其中最有挑战性的概念就是上面案例中提到的战斗者基因、犯罪基因。

1978年，荷兰的一名家庭妇女找到奈梅亨大学的医生布伦纳（H. Brunner），她来咨询家族健康问题。因为她家族中的许多男性都有暴力倾向，一个个豪横无比，好打架，都很凶狠，她很担心她10岁的儿子会重蹈覆辙。医生接受了她的请求，经过15年的研究，医生通过对这位妇女的家族中四代14个男性的调查，终于找到了原因：这个家族的暴力行为来源于X染色体携带的暴力倾向基因，这个暴力基因只传递给儿子，也就是传男不传女。这个缺陷的基因是一种突变形式的单胺氧化酶A基因（MAO-A），它本来参与许多神经递质的代谢，如可调节多巴胺、五羟色胺、去甲肾上腺素（DA、5-HT、NE）等神经介质的代谢。但是，如果MAO-A分泌不足，就会导致这些调节作用的失灵。常见的表现是酗酒、吸毒、易怒和其他的危险行为。也就是说，他们的暴力是遗传显性表现的结果，不是意料之外的行为。这项研究成果1993年发表于顶级杂志《科学》上。

这项成果一经发表，就如黑夜中的一道闪电，激发了犯罪遗传学的重新兴起！

1995年，美国南加州大学的华人学者陈景虹做了一项老鼠实验，再次带来了令学界兴奋的MAO-A基因研究成果。实验中，通过植入一段人工合成的DNA序列，可以排除或遏制住老鼠体内的MAO-A基因，也就是人工制造出低MAO-A的生理现象。之后，实验者每天进入实验室都发现有被咬死的老鼠，这正是那些缺乏MAO-A基因的老鼠的致命攻击造成的。这一结果正如荷兰布伦纳医生的研究结论。后来，有科学家以人类的"表亲"猴子进行实验，也得到了一致的结论。

2002年，美国杜克大学两位科学家莫菲特和卡斯普也带来了相关研究的突破性成果，并在《科学》杂志再次发表了一篇顶级水平的论文，这被认为是该领域里程碑式的成果。她们以1000多名3～21岁的儿童和青少年为对象进行跟踪研究，发现低MAO-A对儿童和青少年攻击行为的出现至关重要，低MAO-A是反社会行为的重要成因！但是，这一消极的生理因素需要在特定的环境中才会发生作用：如果是低MAO-A个体，同时又在童年时期遭受了严重的虐待,他在青春期之后就会变得非常危险。可见,特定的文化等环境也是暴力犯罪重要的影响因素。

据此,学术界提出了战斗者基因(Warrior Gene)假说,而新闻媒体界则渲染性地称之为犯罪基因!

因此,我们看到了神经功能异常、战斗者基因这两个因素和暴力行为的联系,在神经科学的证据面前,我们仿佛看到了天生犯罪人的影子:

从龙氏的人体生理测量得到的相关关系的判断,到实验研究的神经学证据的因果关系确认。其中,证据集中在 MAO-A 犯罪基因,以及杏仁核和大脑前额皮层眶额部的功能缺陷两大方面。

实际上,龙氏观察测量的是冲动的热血犯罪人,而现代的神经科学同时也研究精明的冷血犯罪人,这是犯罪人的两大类别(后续有更详细论述)。

由此,我们可以得出结论:

天生变态狂有可能是真实的存在,他们犯罪的欲望很强烈,其犯罪的风险很高!

他们可能成为贪婪的、掠夺的犯罪人,也可能成为冲动的、情绪的犯罪人!

这些潜在的犯罪人具有较强的犯罪动力,但是未必会成为现实的犯罪人。

一个比喻是:他们"带着子弹出生——并且已经上膛",但是,"邪恶的子弹"只有在消极的成长环境中才会被击发,而积极的情感在一定程度上可以抑制、修复它的破坏性。

那么,在日常生活中,如何识别和预防潜在的天生犯罪人?

他们有三大特征：

一是病态的自恋：自以为是，自我夸大，以自己为中心，唯我独尊！你的存在对他们是威胁！他们内心的信念是："他人是地狱！"

二是他们信的信条：只要达到目的，可以不择手段。这被称为（中世纪意大利政治权术家倡导的）马基雅维利主义。这有点类似于厚黑学：脸皮厚而无形，心黑而无色！

三是最为关键的：他们有冷酷无情的人格特质，内心冷若冰霜，做人做事没有基本的道德感，没有底线，也就是我们平常说的铁石心肠的人。但是，这类人外表的伪装性很好！

自恋、不择手段、冷酷无情，这就是天生犯罪人的黑暗三人格特征 DT（Dark Triad）。

也由此可见，人的大脑是一部复杂而致命的机器！

这对我们有什么启示呢？

1. 尽量不与他们发生争执。

在生活与工作中，如果有可能，不要试图与这类人发生直接的冲突，避免外界对他们的刺激。有个比喻也许不够恰当，但是很实用。"如果一个疯子咬了你，你会咬回来吗？"答案是很明显的。

因为，即使咬了回来，你也是受害者。而且这种伤害可以致命！

2. 如果，他们已经是和你有亲密关系的人，怎么办？

以积极的情感感化其心灵，提供充分的接纳、宽容与关爱；同时，应该发挥其潜在的特长，引导他们走上正道！

"上天对他关闭了一扇门，就会为他打开另一扇窗。"要去发现他们的潜力与特长，并激发它们，使之用在被社会接纳、赞许的行为中。

正所谓"以有情化无情"，积极的情感被认为是唯一有效的方法！

我们在探讨天生犯罪人的时候，是不是也在审视我们自己的内心？

同时，我们可以更进一步地、更冷静地想一想，天生变态狂为什么在进化中没有被淘汰掉？

换而言之，他们在人类之中又有什么独特的竞争优势呢？

本能与犯罪：
性爱本能的驱使

著名的心理学家西格蒙德·弗洛伊德说：一切都是性。

他的代表作是《梦的解析》。

那么，违法犯罪行为也是性欲产生的结果吗？

弗洛伊德，在二十世纪西方最伟大的一百名心理学家中，他排名第三。他在临床实践的基础上创立了三大经典心理学流派之一——精神分析学派。

有人说：在今后三百年中，谁想学习心理学，却不知道弗洛伊德和他的理论，那就不能自诩为学习过心理学。可见，弗洛伊德在心理学界获得了极高的评价。

作为一名心理学者和临床医生，弗洛伊德有着深邃的目光，他的思想和观点广泛地体现在当代精神医学与哲学、文学艺术中。

那么，弗洛伊德到底看到了什么我们普通人没有看到的真实世界呢？

"一切都是性"，难道违法犯罪的原动力是性本能？

2020年3月，韩国曝光了邪恶的"N号房事件"。这起案件猛烈地冲击着人类最基本的道德底线。

所谓N号房，表面的意思，就是多个房间。说白了，就是多个色情聊天室。

2018至2020年间，犯罪人通过社交平台Telegram建立多个秘密聊天室，在这里，他们把一些女性作为性奴役的对象进行展示，并上传了众多色情视频和照片。

这显然是一个极端恶劣的案件。

色情聊天室的创建者是24岁的韩国男性A某。A某平常是一副"忠厚老实"的样子。

被捕后，他自己供述，2018年，他出于好玩儿的目的，开设了秘密聊天室，当时就上传了性剥削的色情图片。他知道这是干坏事，但是自认为技术高明，是绝对不会被抓住的。他还和后来控管的运营者有过对话，之后就离开了聊天室。2020年3月，他还是露出痕迹，被抓获。

而本案件的主犯是25岁的韩国男性赵某某，信息通信专业毕业，曾在某学报编辑部工作。

他运营了38个"博士"房，为什么要开设这么多房间？主要是为了逃避打击，不停地变换聊天账号。

参与本案的犯罪人有13人，其中还有未成年人，最小的只有12岁。

本案犯罪人的作案方式就是传统的老套路，主要是威逼利诱。犯罪人以服装模特为诱饵，或者冒充警察威逼，或者利用公众人物的隐私进行威胁。先对受害女性拍摄裸照，再用这些照片威胁受害者，对受害者实施性犯罪，还将犯罪过程拍摄下来发布到收费的聊天室。

这起案件中女性被害人很多，韩国警方掌握了明确线索的就有74人，其中16人为未成年人，最小年龄的受害者为11岁的小学生。被害人身上写有"性奴"的字样，她们稍有不顺从，就会立刻被恐吓、威胁！

色情聊天室的参与者很多，他们在聊天室花钱观看色情视频、色情照片，这些参与者有26万人之多。他们实际上是犯罪者的帮凶，他们的参与大大地助长了邪恶的犯罪行为。

面对这样丑恶的犯罪现象，我们不禁要问：他们的犯罪动机是什么？

这一犯罪行为有营利动机，但营利并不是唯一的犯罪动机，也不是主要的动机。相比之下，性动机更加明显！

按照弗洛伊德的相关理论，应该怎么看待这起案件中反映出来的犯罪心理活动呢？

弗洛伊德在临床治疗实践的基础上，以潜意识与性本能为研究对象，创立了系统的本能学说，以此来解释人所有的心理活动与行为模式。

在本能理论中，最为突出的是性本能观点，在这一观点的基础上发展出了生的本能学说与死亡本能学说。

生的本能，以古希腊传说中的爱神 Eros 命名，以性本能为代表，意指积极向上的力量、爱人、利他，但它也可能成为嫉妒与淫欲的源泉。

死亡本能，以古希腊死亡之神 Thanatos 命名，代表攻击、征服和毁灭的力量。在外部环境的影响下，也可能退缩、内化为自我攻击的心理疾病的力量。

"N号房事件"中涉及性本能的犯罪动力有三个方面。

1. 直接的性犯罪：其中的强奸、猥亵等性侵害，就是性本能

的直接表达和体现;

2. 变态的性犯罪:"N 号房事件"中有典型的性虐待与疯狂的猥亵行为,还涉及针对儿童、青少年的恋童癖样行为,这是典型的性本能变态体现;

3. 控制的欲望与仇恨:这种力量往往是因为个体在生活中受到打击后引发了对女性的仇恨。这是性本能转换的体现,表现为犯罪人对女性的征服、控制行为。

另外,与性本能相关的犯罪动力还有:以色相引诱作为犯罪的手段,这是性本能在犯罪手段上的体现,在女性犯罪中较为常见。

性本能的终极表现是变态的暴力犯罪:这是性本能与攻击本能的结合,犯罪人在攻击行为中体会到性兴奋的快感;在性行为中伴随攻击的亢奋,这种人就是典型的色情杀人狂。

这种犯罪行为明显地表现出性压抑后本能狂妄宣泄的特征。

弗洛伊德的人格结构理论认为,人的内在人格包含三个相互对立又相互联系的"我"(见弗洛伊德人格构成与意识划分示意图)。

本我:原始的我、生物的我,执行"及时快乐"原则;

自我:现实的我,执行"现实"原则;

超我:道德化的自我,执行"尽善尽美"原则。

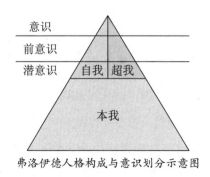

弗洛伊德人格构成与意识划分示意图

例如，一个女人，既在性方面混乱不堪（本我的体现），又要树立坚贞的形象（超我的作用），这两者就是面对自我的挣扎力量。

对于这些性犯罪者而言，性本能与攻击本能的作用，在多数情况下体现为一个人人格内部的冲突。人的内心中的自我要面对三个暴君：执行"及时快乐"原则的本我、执行"尽善尽美"原则的超我与残酷的社会现实。

自我面对三个暴君，要处理好三者的关系，任何一方过于强势，都会出现问题。这些问题主要有对外和对内两个方向：对内的就是心理障碍，对外的就表现为反社会行为、犯罪行为。

我们看一看，犯罪者真实的内心世界里是不是就有这种情况？

130多年前，英国留下了一桩悬案："开膛手杰克"杀害妓女案。1888年，英国伦敦东区的犯罪人"开堂手杰克"血腥地杀害了五个妓女。当时，警方请了一位外科医生进行尸检，医生发现犯罪者的刀法精准，手法血腥残酷，可以看出凶手很冷静。医生认为是一个有外科知识或者和动物打交道的人作的案。有人说，这就是早期的心理画像。

2004年，广东某地发生了奸杀女童的系列案件。在案件侦查过程中，有一个叫朱某刚的人通过电话和短信，向警方举报说犯罪嫌疑人是黄某平。犯罪人在奸杀第五名女童时被抓获，而举报人朱某刚本人居然就是他向警方举报的犯罪嫌疑人黄某平！

这就是精神分析理论中的神秘的犯罪情结。什么意思？就是犯罪人内心的挣扎，好像心理打了个结！

如果某个人在童年时期遭遇了严重的心理创伤（比如虐待、

忽视，或者严重的亲情丧失），他的心里就可能早早地埋下了"仇恨的种子"。这种仇恨会和自己尚存的良心存在冲突，而且两种力量都很强大！这粒邪恶的种子可能在青春期时，在现实情感创伤的诱使下发展为具体的犯罪行为。

在这里，我们大概可以知道精神分析在解析犯罪行为时涉及的两个核心理念。

1. 本能对犯罪行为的决定性力量；
2. 内心的人格冲突会引发犯罪情结。

这是不是弗洛伊德的自说自话、自圆其说？不是的，在弗洛伊德的临床实践中，虽然他面对的是心理疾病，但他也揭示了越轨犯罪行为的原因与机制。他认为心理疾病与反社会行为是动力同源的：消极而强大的本能力量（包括性本能与攻击本能），针对自己时是心理疾病，而针对外部时则是反社会行为、犯罪行为！

精神分析理论后来有了新的发展，如自卑学说、集体无意识学说，还有客体关系、自恋关系的精神分析，它们对于当代社会现象和犯罪行为的深度解释，同样是富有影响力的。

当然，我们也应该看到，单纯以本能来解释犯罪现象，还是存在一些不足或明显的缺陷。

精神分析有明显的泛性论与生物决定论倾向，忽视了文化环境的力量。有些犯罪行为与性的关系并不明确，"一切都是性"，"犯罪行为也是性的表达"的观点，把一切犯罪行为和性本能直接联系起来，现在还缺乏充足的证据，似乎也难以让人完全信服。

这是一种对犯罪行为的深度心理分析，具有神秘主义色彩，有类似玄学的特征，如果作为侦查、审判的证据使用，它还需要严谨的科学依据。现在认为，寻找神经科学的证据可能就是它的方向。

但是，我们仍然不能否认，精神分析在特定类型犯罪的解释和犯罪侦查中有独特的作用。比如在犯罪心理画像技术中，它就具有独特的指引功能。

也就是说，目前我们不一定认同精神分析的所有观点，但是，它确实扩展了我们对内心世界的认识：还有我们未知世界的存在，有本能、有潜意识，而且它们的力量还很强大；在深度探索犯罪人的内心世界时，似乎也不能忽视这种观点的存在！

这些对我们有什么启示呢？

我们要清醒地意识到，我们是社会性动物，而且是高级的社会性动物。

地球上的生命出现于38亿年前，人类的出现是10万年前的事情。

如果把38亿年比作一天24小时，那么10万年只占了其中的2.27秒！

类似地，可以比喻为在23：40出现哺乳动物，灵长动物出现在23：55，而23：58-59时新人类才出现。

这样看来，在生命的历程中，历经漫长演化而来的本能在平常人的生活中是非常重要的。经过几千万年才形成的行为模式（就是本能）不会轻易改变，因为它具有适应性，即适者生存。我们不能忽视人的天性，这其中就有性本能、竞争本能，也有攻击本能。自然法则具有强大的驱动力。我们现代人的行为模式中普遍存在着生存竞争的本能，也有吸引异性的择偶本能的轨迹。它们深刻地塑造着我们今天的生活方式。

同时，我们也应该清醒地意识到，我们有人类特有的积极的一方面：人性，我们有灵觉（与生觉、动觉共同构成三觉）。我们有人类文明的社会性，我们需要理性与道德的方向指引，我们的行为绝不能是纯粹的动物行为。

人类文明的基石之一是道德法则。没有了道德法则，泛性论就会大行其道，就会催生个体行为的堕落。正如韩国的"N号房事件"一样，这是极其危险的！

如果仅有动物本能和高级的智慧，没有道德的内在制约与规则的外界规制，必将导致人类物种的毁灭！

这就是人性探索与反省的挑战性主题：本能的犯罪人。

神秘的犯罪情结：
爱恨交加的欲望

1945年6月5日，在美国的芝加哥市，一个名叫约瑟芬·罗斯的43岁的女子在自己的公寓里被害。她身中数刀，手里还死死地抓着一缕黑色的头发。而半年之后的12月20日，同样在这座城市，年轻的退役女军人弗朗西斯·布朗，也死在了自己的公寓里。她头部中弹，脖子上被深深地刺了一刀。而且，令人无比震惊的是，在作案现场，凶手用一支口红在浴室墙壁上留下了几行潦草的字："看在上帝的份上，在我杀死更多的人之前，赶快抓住我吧！因为我已经控制不住自己了。"（见下图）这就是震惊美国的芝加哥"口红杀手"（Lipstick Killer）案。

这一堪称诡异的操作引出了精神分析学说的一个神秘概念——犯罪情结（Criminal Complex）。

这是什么意思呢？什么是犯罪情结？

打一个形象的比喻，所谓

"口红杀手"的留言

情节就是一个人的心理打了个结。而且还纠结得不行。这是一种内心的既强烈追求，又极力回避的情绪，好似爱恨交加的矛盾心态。

犯罪情结，就是一个人对于犯罪行为，内心既强烈地、迫不及待地想去实施，又极力地排斥、否定的心理状态。现实中的情况往往是：追求的愿望大于否定的力量，它导致犯罪行为持续不断地发生。

精神分析学派的创立者、20世纪的心理学大师弗洛伊德认为人的内心世界中有三股强大的力量：本我、自我和超我。如果三者调和不成，一个人的内心就可能出现针锋相对、针尖对麦芒的矛盾。例如，本我想通过违法犯罪行为来满足自己的欲望，而超我又想维护自己的道德感和良心。犯罪情结就是其中最为典型的代表：犯罪行为和犯罪目标本身具有强烈的吸引力，在驱使着自己，而良心对其又极端地抵触和否定。

"口红杀手"在杀人之后留下的那句让人困惑的话，那句呐喊般的话语，体现的是不是这种矛盾的心理？他连续残忍地杀害了两名女性，仿佛还停不下来，内心却经历了强烈的罪恶感和痛苦，他在现场留下歇斯底里的心声，呼唤至高无上的神灵赶快来帮助他，让上帝之手阻止他继续杀人，挽救他于煎熬的内心地狱。

一方面是丑恶欲望的满足，另一方面是内心难以承受的痛苦，这正是犯罪情结的冲突与动力。

虽然"口红杀手"案件的真凶仍然没有找到，但是我们可以清晰地看到其内心的痛苦与挣扎，或者说是一种淫乐满足与痛苦挣扎的混合体。

我们再来结合前文提到的广东河源的案例来看看犯罪情结在这种犯罪人心态上的体现。

2004年7月，广东某地发生系列奸杀女童的案件后，警方向社会发出了协查公告，征集案件线索。在案件侦查过程中，有一个叫朱某刚的人通过电话和手机短信，多次向办案警察打听案件的详细进展，并且，还提供了一些没有公开过的案件细节，最后，他举报说犯罪嫌疑人是一个叫黄某平的人。

办案警察依据这条线索，在一个工厂调查时，发现确有黄某平这个人，但是，这个人在前几天神秘消失了。之后，这个朱某刚又向办案警察提供了另外一些黄某平的细节。大家都感到黄某平若隐若现，有点像是在玩一个捉迷藏的游戏！随着案件侦查的有序进行，警察越来越接近犯罪人。

在这个犯罪人奸杀第五名女童的危险时刻，警察在犯罪现场将其抓获。这时，警方才发现，原来举报人朱某刚本人就是黄某平！在他的"花仙王杀人日记"中，朱某刚详细地记录了自己的犯罪计划和作案经过，其中还有他放过的另外九名女童。

他将自己杀害的两名女童的名字作为自己假身份证上的名字，并冒险到停尸房向他杀害的女童的尸体忏悔。而且，他还忽隐忽现地举报自己！这种心理就是犯罪情结：对虐待奸杀女童的犯罪行为，既有强烈的冲动，又有强烈的罪恶感，两种感觉的力量都很强大。

以精神分析的视角来看，就是他的内心伴随着本我和超我之间尖锐对抗的心理冲突。

这种犯罪动力可以追溯到这个犯罪人的童年遭遇（心理创伤）。

在朱某刚年幼时，他的父母把和自己关系很亲密的 5 岁的亲妹妹送人了，这就导致了他深刻的心理创伤。十多年的心理煎熬，最后导致他通过迫害女童的方式来满足自己的变态心理和弥补心理，同时又有在道德和良心的驱使下自责、忏悔的矛盾心态。

那么，哪些因素可能诱发犯罪情结呢？

除了童年遭遇的心理创伤会导致犯罪情结外，因为行为人自己的行为而造成的不好的后果，也可能促使其产生罪恶感，在赎罪动机的驱使下，也可能发生由犯罪情结引发的违法犯罪行为。例如，有一种性爱成瘾症，就是以交朋友的名义，通过乱交行为，插足别人的情感生活，破坏别人的家庭，进而扰乱社会秩序。这种行为既伤害了他人，也对自己的内心造成了伤害，从而实现一种潜在的自我惩罚、自我赎罪。在理性层面，行为人完全知道行为的对错，也觉得不应该如此；但是在非理性层面，这种行为又仿佛可以带来一种自我虐待、受虐狂一般的满足感。即以自我的伤害来弥补曾经的过错或罪恶。

在这里，我们可以扩展一下精神分析法在解析犯罪行为时涉及的两个核心理念。

第一，人的本能，包括性本能和攻击本能，对犯罪行为具有决定性的力量，是许多犯罪行为的潜在原动力。

第二，内心的人格冲突会引发犯罪情结，从而导致一些病态的犯罪行为。

这样看来，人的内心确实存在着意识和潜意识的斗争：理性上跟随道德、善良的方向，想上天堂；而非理性上，却是服从本能欲望的驱使，朝着消极的甚至地狱的方向奔跑。大家想一想，在两者的日常冲突中,理性力量与非理性力量最终谁能胜出?

实际情况是,并不一定都是理性力量获胜。比如在浪漫的爱情故事中,人是不是更听从内心的感觉、情绪的召唤?在仇恨引起的犯罪中,往往也不都是理性来做主,而是冲动的情绪占据上风。

正如亚里斯多德说的:"人的灵魂,一部分极力地向上飞向天堂,另一部分却又强烈地被地狱所吸引。"

大概就是这个意思,人的命运也是如此,关键在于我们对自己内心的把控。

这也就是心理学上所说的理性自控力!

从终极的角度而言,每个人的行为及命运,最终还是由自我抉择的!

掠夺性犯罪人：
进化中的冷血捕食者

我们都知晓，自然界中有很多的掠食性动物。

展翅翱翔的老鹰是天空中的枭雄，它视觉敏锐，可以看清楚一公里外的田鼠；狮子是陆地之王，有超强的攻击力；鲨鱼是海洋中的霸主，它有100多颗钢锯一样的牙齿，看一眼就让人后背发凉。

它们处在食物链的最顶端，都是生存技能高超的食肉动物！

它们具备三项共同的特征：

一是攻击性极强，凶狠、动作麻利、杀伤力极大！

二是目标准确，可以冷静地算计，准确地出击，甚至一击致命，是天生的顶级掠食者！

三是它们并不觉得自己做得有什么不对！

人类当中有没有类似掠食者的掠夺者？答案是肯定的，有！

虽然他们不一定是天生的，但是，在某些生理方面，他们和动物世界中的掠食者有着惊人的相似之处！

这就是需要我们鼓起勇气面对的邪恶之人——掠夺性犯罪人！

先来看一个真实的案件。

有一个人叫杨某海，在正常人看来，他是十足的坏人。他都干了什么坏事？

在2000年至2003年间，他流窜山东、安徽、河南、河北四省，抢劫、强奸、杀人，一共作案26起，杀死了67人，伤了10人，强奸23人！这样算下来，他平均每月作案一到两起，每起案件中杀害二到三人，强奸一人！

可见，他简直就是横行在人间的恶魔！

在法庭宣判的现场，当地的百姓愤怒地打出横幅标语："扒你皮，抽你筋！"这是很罕见的场面，可见老百姓有多么愤怒。

那么，杨某海到底是一个什么样的人？他天生就是这样的吗？

不是。

他是1970年生人，早年心理发育都很正常。他从小聪明，但很内向，喜欢画画，也是家里唯一上过高中的孩子。

因为家里很穷，他就想早点靠自己的双手过上好日子。杨某海16岁时离家，到了河北、山西的矿山和建筑队打工，但只是混得一口饭吃，几乎没有拿到工钱。

后来，他就逃走了，来到一个小饭店打工。干了一个月，老板又不给工钱，他感觉自己又上当了。他想："你们这些老板怎么都这样！"愤怒的他，偷了饭店的一个大铝盆，卖了13块钱。这东西虽然不值几个钱，但对他的影响却很大——他的心理从此开始发生恶性的改变！

从此，他开始不断地偷窃。被抓住后，被劳动教养；放出来后，再偷，再被劳动教养。他共有两次劳动教养经历：一次是18岁时在西安劳教两年，另一次是21岁时在石家庄劳教一年。

杨某海在自己的家乡有一个女友。在他被第二次劳动教养改造时，女朋友对他说，你好好改造吧，出来我还和你好！但当他被放出来时，正好赶上女朋友和别人的婚礼。

从此，他开始仇视女性，报复女性。

1996年，在一次强奸犯罪中，杨某海的舌头被对方咬伤了。被抓获后，他被判处5年有期徒刑。从那以后，他就更加仇恨女性。2000年，因在监狱表现较好，他被提前释放。此时，他的犯罪心理已经不可逆……因为他在监狱中就已经有了犯罪计划：墙内的损失墙外补。他要暴力地侵财侵色，报复女性，报复社会。

他开始了疯狂作案的日子。

在接下来不到三年的时间里，他基本上都在犯罪或准备犯罪。

2003年8月，最后疯狂的时间里，杨某海三天作案两起，都是抢劫杀人。其中有一家五口，无论男女老幼，连婴儿都被他杀了。他用从另一个村民家偷来的斧子杀人，并把手套扔在院子里。这样，警察就找到了更多的直接线索，锁定他的行踪，在河北沧州将他抓获。

我们可以回顾一下他的心理历程。

杨某海早年心态还算正常，虽然家里很穷，但他也还知道通过劳动养活自己。直到在社会上连续受到挫折，他的心理开始向恶性变化，尤其是在受到两次劳动教养后，他直接开启了犯罪的生涯。而且，对他而言，犯罪开始从谋生的手段渐渐演变为习惯性的杀戮。在18岁至30岁这几年里，杨某海一直处于违法犯罪与受处罚的循环中。从这点我们看出，他渐渐地形成了与犯罪行为相适应的观念、情感和行为模式，这就是犯罪人格。

其实，他的犯罪动机很简单，就是劫财劫色，而且报复女人、报复社会。

在被枪决前，他还愤愤不平："为什么别人有的我都没有！"为什么他会这么想？

因为他已经没有基本的道德感，也就是人们常说的良心泯灭。

一般来说，这一类人青春期时有生存性违法行为（早期以偷窃开始，后来发展为抢夺、抢劫）；成年后犯罪就会快速升级：一般是25岁之后开始盗窃—抢劫—强奸—杀人，坏事一起干；而30岁后就开始更加疯狂的暴力犯罪！

他们不能主动停止犯罪行为，直到人生彻底毁灭。

由此可见，本案中的犯罪人杨某海并非天生本质邪恶，也不是一个天生（潜在）犯罪人，他在遭受社会挫折或不公正待遇时，选择了违法犯罪的道路，走向了对抗社会规则的不归路，成为一个彻底的邪恶之人。我们再深入地想一想：为什么他会做出如此的选择呢？

暴力犯罪是传统犯罪、自然犯罪的典型代表。就是行为人使用暴力或以暴力相威胁来实现犯罪目的的行为。如谋杀、放火、抢劫、强奸等。

所谓暴力，是一种激烈而有强制性的力量：行为多表现为武力强制，而且往往带有一种"戾气"，例如目光凶狠，行为豪横。

暴力犯罪的危害性大，它是全世界的公共安全问题。

暴力犯罪行为大致可以区分为两大类：掠夺性暴力和冲动性暴力；或称为主动性暴力（工具性暴力）和反应性暴力（情绪性暴力）。其中，反应性暴力（情绪性暴力）是愤怒宣泄或是压力累积的后果。

掠夺性犯罪具有典型的预谋性，犯罪人的内心具有相当的邪恶性。但是多数犯罪人本人并不觉得他们是邪恶的或不可接受的，他们会认为这些犯罪行为只是一种生存方式而已。

对暴力行为的发生机制，可用神经系统的两种控制系统来解释。

一种是激活系统（BAS），这种系统的特点是奖赏驱动、追求奖励，而对惩罚不敏感，

另一种是抑制系统（BIS），这种系统的特点是对不当行为及时地抑制，对惩罚比较敏感，也就是害怕惩罚。但是，如果抑制机制有问题，就不能及时地遏制人们做坏事。

例如，掠夺性暴力：

一方面，犯罪人追求奖励，是为了自我欲望的及时满足。研究已经发现，这类人边缘系统中的纹状体很活跃，这表明其贪婪性较高。

另一方面，他们不太惧怕惩罚，这和他们边缘系统中的杏仁核功能低下有直接的关系。或者说，他们没有恐惧与痛苦的体验，不但自己无恐惧感，而对他人的痛苦也不会有同感。

古人说，人要有良心四端（仁、义、礼、智），他们可能连一端都没有，尤其是没有恻隐之心，没有基本的同情心。很多时候，人的价值取舍需要惩罚机制提供反向参考，但他们不惧怕惩罚，所以就难以遵循正常人的价值观念行事。其中人格障碍中的精神病态就是最为极端的代表，这种病态体现为内心绝对的冷酷无情！

简单地说,这种冷静的贪婪性犯罪,主要是因为这类人有强烈的贪婪欲望,而控制系统也有问题。就像一辆小汽车,动力强劲,但控制方向和制动的系统出了问题,那是不是就很危险了?!

与此相对应的,是另一类暴力行为:冲动性暴力,或称反应性暴力(情绪性暴力)。

反应性暴力的代表观念是:犯罪就是为了报仇!

1999 年,美国科罗拉多州的科伦拜因中学,一名 17 岁少年 Eric Harris,因为持续受到同伴欺凌,而且受到的威胁日益升级,他心中的愤恨无法消解。最后,他选择拿起武器报复。甚至,他还找到一名受到同样欺凌的同学作为同盟军。

他们准备了一支微型冲锋枪、一书包的弹药和一支截短的霰弹枪(因为他们从网上得知,这样处理枪支会有更大的杀伤力,可见他们内心的仇恨有多么的强烈)。

他们在学校的午餐时间发动报复。

他们本来的计划是在自助餐厅安放炸弹,等定时炸响后,他们在餐厅外伏击逃出的同学。但是,炸弹没有爆炸,他们就直接冲进餐厅,锁上门直接大开杀戒!

两人对着餐厅的摄像机,毫无掩饰之意,只有愤怒的眼神和嚣张的动作。因为这是自杀式杀人,他们连命都不要了,还会怕摄像机吗?!

科伦拜因中学枪击案现场

根据当事人的回忆,本案中有一个耐人寻味的细节:Eric看到一个男生躲在餐桌下,他直接过去,用霰弹枪指着他的头,那个男生惊恐又绝望地看着Eric,但是,Eric突然惊住了:这人有点熟悉。原来,就在一个月前,三四个高年级男生正在殴打Eric,有一个男生冲过来劝架,虽然没有什么效果,甚至劝架的同学还被打了几拳。当时Eric觉得这男同学还不错,有点正义感。而当时劝架的男生就是现在餐桌下的这个人!这时,Eric用枪指了指窗户,这个男生在惊魂失魄中从窗户逃出去了。

这是什么情况?我想,大家心里都非常明白:放他一马!相比之下,Eric和杨某海,哪个更为邪恶?

虽然,Eric在同学的欺凌下,也变成了疯狂报复的校园枪手,但仿佛他还存有一丝丝的良心,这和良心泯灭的杨某海不一样!

这次枪杀导致17人死亡,24人受伤,也就是一共41人伤亡!这是当时美国校园枪击事件的伤亡纪录!

17岁的Eric后来成为许多校园杀手的模仿对象!当然,有此想法的人,都是威胁校园安全的高风险人物!这种人在沉默中爆发,也在爆发后灭亡!因为这种爆发绝大多数是报复性的自杀行为。

　　这个 17 岁少年遭受了如此欺凌，其内心愤怒至极，虽然令人同情，但其疯狂的杀戮行为危害他人、危害社会，也毁灭了自己，无论如何都非赞许的对象。这是青少年尤其应该警惕的！

　　一般而言，常见的犯罪动机及其主导的犯罪行为主要有以下两种：

　　　　第一动机：金钱 [贪婪动机] →掠夺性犯罪
　　　　第二动机：愤怒 [仇恨动机] →反应性犯罪

　　在这里，我们可以想一想，家庭暴力是出于什么动机？多数情况下它是反应性暴力，是由家庭矛盾积累的怨恨导致的，所以它应该出于愤怒型动机。仅有极少数人会处心积虑地通过婚姻来达到不可告人的目的，如《东方快车谋杀案》，或者电影《尼罗河上的惨案》所描写的那样。

　　那现实中有没有这样的惨案？

　　大家可能立刻就联想到 2020 年 7 月初发生在杭州的许某利杀妻案。在这个案件中，许某利是什么犯罪动机？这本质上是贪婪动机，但也有仇恨动机。仅仅因为家庭矛盾，许某利就能在家里把自己的妻子杀害，并花上几个小时碎尸，可见犯罪人内心极端冷酷、极端邪恶。我们正常人会觉得这很血腥，难以接受，但犯罪人并不认为他的行为像我们描述得那么可怕，他只是把她杀了，处理了尸体而已，就如同清除前进道路上的障碍一样。

　　职场暴力呢？其中既有反应性暴力（不一定是犯罪），也有隐蔽的掠夺性犯罪：如为了自己的职场利益而诬陷或者暴力伤害他人的人。

　　还有一种常见的、特殊的反应性犯罪，那就是嫉妒（情感动机）犯罪，它多发生在熟人之间，多为暴力性案件。

这类暴力犯罪，为我们提供了哪些思考呢？

反应性犯罪人，大多是"热血犯罪人"。

这种犯罪是消极情绪的积累，是在特定情境下诱发的，其中，侮辱的言语、威胁的言语与身体的伤害往往是这类暴力事件的导火索。

这就提醒我们，为了自身的安全，千万不要主动点燃"火药桶"，那会引火烧身！

同时，不要被坏情绪控制。例如，我们很气愤的时候，摔杯子、骂人、掀桌子，自以为愤怒的情绪发泄出来了，其实这些行为只会使情绪变得更差！

如果能够自我控制住10秒以上，等到理性慢慢恢复过来时，就会发现事情并没有原来认为的那么糟糕。

也就是说，退一步可能就是海阔天空，云开月朗！

而掠夺性犯罪人，是内心绝对邪恶的犯罪人；掠夺性犯罪，是一种精心预谋的"冷血犯罪"。

可见，与那些行为蛮横、嚣张的反应性、情绪性犯罪人一样，阴冷的掠夺性犯罪人也是具有极大破坏性的犯罪人。而且，他们更具有伪装性、精心算计性乃至施虐性，他们更可能成为反社会人格者，甚至精神病态者。相应地，对于掠夺性犯罪和反应性犯罪的打击与预防也要有区别性的策略和路径：神经犯罪学检测、早期消极遭遇防范、现实挫败感的消解以及情绪化情境处理等区别化、综合性的防范策略，矫治与精准打击相结合的惩罚治疗路径。

低静息心率：
潜在的犯罪风险指标

平日里我们可能谈到：某某人天生有一股子戾气，感觉做什么事都是用心险恶。这个"心"一般来说就是指行为人的心理，包括偏激的观念、消极的情绪。

在真实的犯罪案件中，一些极端的杀人犯在作案时经常表现出残酷又冷静的一面，我们习惯地称之为"冷血杀手"。那么，你认为"冷血"只是一种直观的比喻，还是真的和血液息息相关？

你可能没有想到，犯罪心理学家还真的认真研究过"冷血"和心脏之间的关系。

人的一生之中，心脏要跳动25亿～30亿次（以80岁的生命周期计算）。显然，心率是与人的生命息息相关的。

这里先解释一个概念——静息心率。

静息心率就是一个人在清醒、非兴奋的安静状态下，每分钟心跳的次数。安静状态主要是指没有受到什么刺激，也没有胡思乱想的状态。一个健康的成年人，他的静息心率为55～70次每分钟。从临床医学的角度，静息心率能保持在55～65次每分钟就是健康心脏的标志。临床医学的研究表明，在其他条件相同的情况下，如果一个健康成年人的静息心率是每分钟 70 次，那他的寿命可达 80 岁；如果是每分钟 60 次，他的寿命就可达 93 岁。

这些是临床医学的知识。但是，在暴力犯罪现象中呢？令人惊奇的是，低静息心率居然也是暴力犯罪的生物学指标！

因为研究发现，很多冷血杀手、高智商犯罪者和拆弹专家一样，他们都是低静息心率者。他们既聪明，又认真、冷静，还很严谨、富有理性，他们好像都是"头脑冷静的逻辑学家"。

这种研究先是从动物实验开始的。在兔群中，那些攻击性很强的兔子，和那些处于从属地位、没有攻击性的兔子相比，低静息心率是其显著的特征。攻击性越强的，其静息心率越低。当实验人员人为地改变兔群中的尊卑秩序之后，那些新上位的兔子也纷纷表现出静息心率下降的情况。而且，这还不是兔子王国中的独有现象，在猕猴、狒狒、老鼠的世界里，这种现象同样是存在的。这让研究者认识到，要想分析明白一个人的暴力犯罪行为，心脏还真是绕不开的器官。

在这样的实验数据的支持下，研究者就推导出，低静息心率有提升一个人的反社会行为和暴力行为的可能性。这个观点听上去可能过于简单，也可能过于让人震惊，一时难以接受。但是，这就是事实！

英国有一位著名的神经犯罪学家，叫阿德里安·瑞恩（A. Raine），他通过对前人涉及的多达 5868 名被试者、40 多项研究的综合分析，来检验人的心率和反社会行为之间的联系究竟是存在一致的倾向性还是只是一两次的巧合。最后，阿德里安·瑞恩的分析结果清楚地表明：那些具有反社会倾向的儿童和青少年，与同年龄组的个体相比，确实具有较低的静息心率。

我们都知道，男性的暴力犯罪倾向要明显高于女性，绝大多数的暴力犯罪的实施者都是男性。在谋杀案件中，男性的比例更高（男：女 =9：1）。与此相对应的是，在各个年龄阶段，男性的静息心率都要远远低于女性，每分钟至少低 5 次。在儿童成长到三岁时，这种差异就已经很明显了。在青春期时，这种差异会更为明显。青春期时，男孩比女孩更容易犯罪。虽然在独生子女中，这种现象有一些变化，因为当代社会中有的女孩也表现出狂暴的一面，但总的来说，男孩的攻击水平是高于女孩的。阿德里安·瑞恩还先后在新西兰和毛里求斯开展了五个纵向研究项目，得出的结论是：一个人早在三岁时候的低静息心率和他未来是否会发生违法、犯罪和暴力行为之间有密切的相关性。这好像印证了民间的说法：三岁看大！而且，他还发现，对一个几代都有犯罪分子的家族来说，低静息心率是他们家族最为显著的生理特征：低静息心率具有显著的遗传性，反社会行为很可能是低静息心率这种遗传机制的表达之一。

通过对一些国家和地区的有反社会行为的青少年和没有反社会行为的青少年的对比可以发现，那些没有反社会行为和违法犯罪记录的青少年具有显著的较高静息心率。由此可见，较高的静息心率是有利于青少年犯罪预防的。当然，较高的静息心率又和一些精神疾病有较大的关联，如精神分裂、酗酒、焦虑症、抑郁症患者都有较高的静息心率。

剑桥大学的大卫·法林顿是（D. Farrington）当今世界顶尖的犯罪学专家，他建立了一个较完善的暴力早期预测系统。在他给出的48个指标中，只有两个独立指标和暴力行为特别相关：一是低静息心率，二是集中注意力差（严重的就是注意缺陷多动症——ADHD）。他说，拥有一颗低静息心率的心脏，比拥有犯罪的父母更容易沾染上暴力习性，前者是导致这个孩子日后发生暴力行为的最主要因素之一；低静息心率可能是暴力性犯罪最为重要的生物表征之一。

这在心理学上如何解释呢？

有三种解释：第一种解释是低恐惧理论，通俗地说就是这个人面对危险情况时不太害怕。低静息心率被认为是一个人无所畏惧的象征。类似于要想拆除一枚炸弹，需要钢铁般的意志力。与此同理，反社会行为与犯罪行为也需要一定程度上的无畏胆量去实施。一个学龄前儿童在年幼时期越是无拘无束、无所惧怕，成人之后富有攻击性的可能性就越大。而心性无畏的孩子往往都是低静息心率者。

第二种解释是移情理论。实验证明：低静息心率孩子的感情移入往往比高静息心率的孩子要少许多。前者对别人不会有很多情感的投入。一个缺乏移情的孩子无法体会到他人的感情，无法真切地体会到他人的痛苦，而且更容易欺凌他人、加害他人，也不太会产生懊悔的体验。需要特别注意的是，对人的伤害行为往往都是从伤害、虐待小动物开始的。所以，一个孩子偶尔或经常性的伤害、虐待小动物的行为，往往是将来成为危险人物的明确信号。

第三种解释是寻求刺激理论。低唤醒水平让一个人长期处于不太兴奋、不太愉快的生理状态，因此，这种状态必然会增加他们去寻求高唤醒水平的刺激，以达到最佳唤醒水平。比如说，大多数人看到鲜血淋漓的场面时会觉得很不舒服，但是，对那些低静息心率的人来说，那种血腥场面的刺激刚好能让他们兴奋起来，这在无意中就增加了暴力冲动的机会。

一个人的静息心率明显受到人的自主神经和体液因素的影响，它主要是由先天遗传决定的。如果静息心率在每分钟60次以下，甚至是55次以下，那说明什么？说明这个人与生俱来的攻击性水平可能高于周围的人。更极端地说，日后暴力犯罪的风险性可能更高一些。

需要特别强调的是，这里探讨的是静息心率与违法犯罪行为，尤其是与暴力犯罪行为之间的关系，是在与其他的心理、环境因素相同或相似的情况下来对比的。而且，这种攻击倾向性并不一定都是以暴力行为、犯罪行为表达出来的。因为已有相关的研究发现，那些高对抗性、竞技型的运动员，比如拳击手、短跑运动员、击剑运动员、射击运动员、极限运动员，尤其是那些成绩优异的运动员的低静息心率也是非常明确的！这说明这种本来具有的高攻击性（生理—心理能量）在外在环境的干预下，是可以逐渐转换成为社会认可的竞争力和进取心的！或者说，攻击性与进取心的生物—心理能量是同源的，但其活动的指向各不相同。

这是一个具有挑战性的话题，也是神经犯罪学中的一个敏感话题：低静息心率是反社会行为的生物学指标。大家想一想，某个人、某些人是不是更可能成为一个高攻击性的人？这在本质上也是对人类身体和灵魂之间的关系的思考与探讨。

青春期犯罪人：
青春期危机的狂妄冒险

青少年和成年初期是犯罪的高峰年龄段，这在世界各国中都是如此，这与青春期危机有密切的关系。

我们先来看一个发生在日本的甚为极端的青少年犯罪的案例。

从1997年2月开始，在接下来的三个月时间里，日本神户市连续发生了三起残忍杀害儿童的案件。案件中犯罪人共血腥地杀害了两名儿童，重伤了三人。这个案件，被称为神户连续杀童事件。

犯罪人的手段非常残忍与狂妄，包括分尸、破坏尸体、寄送声明书和挑战信等行为。

警方开始以为这是变态的成人作的案，但最后抓获的凶手竟是一名年仅14岁的少年（称为"少年A"）。

此犯罪事件的进展共分为三个阶段。

第一阶段　袭击模式

1997年2月10日，两名女童走在街道上，被"少年A"从后面用槌子突然攻击，造成其中一人重伤。女童当时看到作案人穿着西装外套，手里拿着学生的书包。

这一阶段的犯罪行为是袭击模式——尝试的和随机的袭击。

第二阶段　杀戮模式

一个月后的某一天，这个"少年A"向一个在山下采花的女孩询问厕所的位置，好心的女孩带领他到达学校的厕所时，"少年A"对女童说："把脸转过来吧，我要谢谢你。"当女童转过脸时，他用铁锤正面锤击女童。在逃离中，被另一名小学生看见了，"少年A"就使用小刀刺向这名小学生的腹部，造成其重伤。

采花女童因伤势过重，在抢救多日后死亡。

当天，"少年A"在日记中记下："我今天做了一个吓人的实验，来证明人类有多么的脆弱……当女孩转向我时，我挥动了手中的铁锤……我实在是太兴奋了。"随后又在日记中补写道："我好像没有会被抓住的迹象……我要感谢神明……请神明继续保护我。"

可见，这是选择性诱骗的杀戮模式。

第三阶段　变态宣泄模式

又过了一个月左右，案件再次更为血腥地发生了。

"少年A"与另一少年相遇，他们本来就认识。"少年A"以"有蓝色的乌龟"为由将他诱骗至人少的高台上，用准备好的绳子将他勒死，并将其尸体隐藏后离开。

第二天，"少年A"回到案发现场，将被害少年的头部割下、隐藏。

第三天，"少年A"将被害人的头颅带回家中，清洗干净。

第四天凌晨，犯罪人将被害人的头放在神户市内一所中学的校门口。留下声明书，自称是学校杀手（SCHOLL KILL）。

又过了20天，犯罪人以"酒鬼蔷薇圣斗"的名义向神户新闻社寄来"声明文"。

显然，犯罪人对这个犯罪事件专门取了一个名字，叫"酒鬼蔷薇圣斗事件"。这是什么意思呢？

原来，酒代表勇气，鬼代表死神，蔷薇代表玫瑰，圣代表圣徒，斗代表搏斗。

合起来就是"有勇气的漂亮死神圣斗士"。

这是犯罪人的一种心理自居作用：犯罪人以漂亮的死神自居，这可能是他的理想。

在书信中，"少年A"坦然地说："当我杀人时，我觉得自己从持续的憎恨中获得自由。减轻痛苦的唯一方法，就是增加其他人的痛苦……"

"现在，就是游戏的开始。""如果你们认为我只会杀害儿童，那真是一个大错特错的想法。"

虽然只是一位少年，但他的行为作派实在是太嚣张了！

这里，我们可以清楚地感受到：他是实实在在地把自己的快乐建立于别人的痛苦之上。

这一阶段是精心策划的、体验式的宣泄，其中变态的成分很突出：杀害、分尸、虐尸、寄声明信！

在案件的侦查过程中，警方一度怀疑凶手为20岁至40岁的男子。

后来，警方对声明信中的笔迹和内容进行分析，再结合目击女童的辨认，便很快抓住了犯罪人——"少年A"。

"少年A"也很快供认了三起凶杀的事实。

因为他只有14岁，低于日本刑法规定的16岁的最低刑事责任年龄，所以被送入少年感化院。7年后的2004年，"少年A"21岁时，从感化院释放。

事发 18 年之后，也就是 2015 年，32 岁的"少年 A"出版了一部名为《绝歌》的书籍，书中详细记载了整起杀人事件。

当年的"少年 A"，现在已经是 40 多岁的中年人了。

因为此案件，2000 年日本国会将最低刑事责任年龄从 16 岁降至 14 岁。但是，仅仅 4 年后的 2004 年，也就是"少年 A"从感化院释放那年的 6 月 1 日——国际儿童节那天，日本又发生了一起 11 岁"少女 A"杀害小学女童事件。这名"少女 A"可是听着"少年 A"的案件成长起来的学生！

"少年 A"为什么会成为杀戮的狂魔？他的心理动力是什么？

"少年 A"在声明信中斥责日本的教育制度，说是"强迫性的教育造就了我，一个隐形的、残酷的人"。

其实，早在儿童时期，他的品行障碍的征兆就已经出现。

儿童时，他已经把虐待和杀害小动物当作"嗜好"；小学时，他经常把抓来的青蛙捆在一起排成一队，用自行车"欣快地"碾杀它们；进入青春期后，他就开始对女生实施有预谋的杀戮。

我们知道，青春期是人生的特殊时期。

这个时期的青少年处于人生中最为动荡的时期，不但存在着自身生理、心理的冲突，还有来自社会环境的各种积极、消极的影响。这个时期正是人格形成的关键时期，消极环境和过度的压力很容易侵蚀他们的心灵！

青春期的危机主要体现在以下几个方面。

1. 成人感与依赖性的冲突。他们的身体快速成长，已经是小大人了，独立意识增强，但生活的各个方面都还要依赖家庭的支持。

2. 性唤醒与性道德的冲突。进入青春期，第二性征出现，性机能唤醒，但性知识、性意识，尤其是性道德意识没有建立起来。"青春期最大的风险是，性的欲念已经醒来，但性道德还没有同时到来。"

3. 认知发展与片面性的冲突。他们知识面扩展，认识能力提高。但这个时期的认识容易片面化、观点偏激，逆反心理严重。

4. 情绪丰富，但冲动性明显。他们情绪丰富，体验深刻，社会性的情感成熟度低，容易冲动。认知与情感也存在冲突：道理上完全明白的，情绪情感与行为上却并不一定会接受。

5. 理想与现实的落差。这是自我（角色）建立的关键时期，有玫瑰色的理想，很美妙很丰满，而现实情况却往往是非常的骨感！如果主观预期太高，落差就会很大。其中，也有时代和环境差异造成的代沟问题。

这些就是所谓的青春期危机！

1993年，美国发展心理学家莫菲特（Terrie Moffitt）通过跨文化研究后认为，青少年犯罪人可以分成两类。

第一类，青春期有限型犯罪人，占青少年犯罪人的70%以上。这一类人在童年时期正常，进入青春期才开始有越轨行为；18岁之后，很快就回到正常轨道，绝大多数不再会有违法犯罪行为。

第二类，终身持续型犯罪人，他们只占青少年犯罪人的5%。这一类人在幼儿、童年时就有各种叛逆行为，进入青春期后，会有品行障碍，甚至有反社会型人格障碍（ASPD）倾向；18岁之后，犯罪行为持续出现，也可能终生伴随犯罪行为，难以自动中止犯罪。

第二类人发展的基本轨迹是：

注意缺陷多动症——品德障碍（包括对立违逆障碍与破坏行为障碍）——反社会型人格障碍倾向——精神病态（具有冷酷无情的人格特质）。

注意缺陷多动症的具体表现是：注意力难以集中，容易和别人发生冲突。

对立违逆障碍的具体表现是：对抗老师、父母，逃学；

破坏行为障碍的具体表现是：说谎、恶作剧、打人伤人、虐待动物。

反社会型人格障碍倾向的具体表现是：违法或犯罪行为，如破坏公物、盗窃、暴力行为。

最为严重的是精神病态倾向。这是一种稳定的、难以矫正的人格特质。

这类青少年如果任其发展，较大可能成为极端恶行与性侵害的犯罪者。

那么日本神户的"少年A"是哪一类青少年犯罪人？

他接受完七年的感化教育之后，好像没有重新犯罪，但是，根据他在儿童时期的品行和犯罪时的表现来看，他显然更具有终生持续型犯罪人的特征。

其中有一个现象需要引起我们的关注：已经中年的他，从来没有向被害人和被害人家属道过歉。这说明什么？是不是说明他内心的犯罪驱动力还是存在的？是不是说明他并不觉得这是什么大不了的事情？他更关心的，是自己通过犯罪事件获得的社会关注和出版书籍获得的利益。

我们再来看国内几起相似的案件。

2013年,一个10岁女孩在电梯里遇到一位老人带着1岁的婴儿。就是这样一次偶然相遇,没有一点积怨,也没有冲突,小女孩就顿生恶意。她们到达一层时,她趁老人搬动婴儿车到电梯外的工夫,就快速地按键关上电梯,并强行抱起婴儿。婴儿当然不愿意,有些哭闹,她就摔打婴儿。到了25楼后,她竟然将婴儿直接从窗户抛了下去。之后,她还煞有介事地到楼下和婴儿的家人一起寻找婴儿!

2016年,一个19岁的青年,奸杀了一个11岁的女童。据媒体报道,在其13岁时,就曾杀害过一个4岁的男童。

2019年10月,一个13岁的少年,诱骗一个10岁的女孩到家里试图强奸,遭到反抗后,他就用尖刀残忍地杀害了女孩,女孩身上留下了七处刀伤!随后,他将女孩尸体藏在小区的草丛里。犯罪事件曝光后,他还在社交媒体上说庆幸自己只是14虚岁(不负刑事责任)!

我们再深入地想一想,即使是有着同样性格(基因)的孩子,为什么别人没有成为杀人者?

不难推测,在孩子的成长过程中,家庭环境、教育模式是至关重要的。具体来说,孩子将来成为什么样的人,与家长的教育态度和教育方式密切相关。

其中错误的教育方式之一就是过度宠溺——惯子如杀子!

这种教育导致的恶性发展的路径大致如下:

(1)小时候是任性的熊孩子,天不怕地不怕,谁也管不了;

（2）大一点，在家里是"小霸王"；

（3）然后变成更加恶劣的"霸王"；

（4）到了社会上就成为危害他人安全的违法犯罪者。

这些人违法犯罪时，动机往往很简单，就是满足自己的欲望，但是性质却非常恶劣，后果也十分严重。

2019年，犯罪心理学界还提出了一个专门概念来描述这种情况：极端危险人格障碍（DSPD）！

那么，这一恶性循环是如何实现代际传递的？

有些人确是有某些遗传或者变异的消极生物基础，但更主要的是通过错误的教育方式传递的，也可以说更多的青少年犯罪是消极的外部环境导致的。

这些血淋淋的案件让我们清醒地认识到，在个体成长过程中，心理健康是至关重要的，道德情感和性格的培养对青少年未来的影响远比学识教育要长远。

在具体的教育方式上，强迫式教育危害极大，容易导致心理病态，如对自我的极端自卑，或者对社会、他人的极端疯狂。

相比之下，引导式、赏识教育往往更能够取得教育的成功。

也就是说，积极的、快乐的成长体验对一个人的一生来说都是至关重要的！

ADHD：
神经发育缺陷对青少年犯罪的驱动力

结合前面提到的几起青少年犯罪案件，我们可以想一下，这些年轻的犯罪人为什么会有这样残酷的行为呢？

当今世界顶级的犯罪学专家、剑桥大学的大卫·法林顿教授，建立了一个关于青少年暴力犯罪的早期预测系统，在这个系统中有两个独立因素：一是低静息心率，二是集中注意力差。注意力的严重缺陷，用专业术语表述，就是注意缺陷多动障碍。

可能有人说，小孩子的注意力差不是什么大不了的问题，怎么还会和违法犯罪行为有关系呢？

其实，注意力差的问题还真不是小事情。为什么呢？因为一个人大多数的心理和行为习惯是在后天环境中慢慢建立起来的，而注意力是人心理现象的起点。更高级的心理，如感觉知觉的能力、记忆力、思维力、想象力以及社会性情感和人格特征，都是以此为基础一步步发展而来的。可以这么说，没有好的注意力，就没有好的觉察力，没有好的记忆力、思考力，就不可能有健全的心理世界。当然，注意力本身也是慢慢发展起来的，包括注意力的指向性、集中性以及稳定性在内的品质，都可以通过后天培养而成。

而有一类儿童，因为神经系统发育的缺陷，导致他们天生难以集中注意力，这为其日后的学习和品行发展留下了较大的隐患。这种情况，就是注意缺陷多动障碍，也就是前面说的ADHD。

现在，我们先来简单了解一下ADHD。

早些时候，ADHD被通俗地称为"多动症"，或者"过度活跃症"，是儿童期常见的一类心理障碍。一般在三岁之前就会明显地出现症状，它的表现是和年龄、发育水平不相称的注意力不足、活动过度和冲动。国内外调查发现，这种心理疾病的患病率为3%～7%，男女比例为5∶1。有一半左右的人在成年后仍有症状，它会明显地影响患者学业、身心健康以及成年后的家庭生活和社交能力。

近年来，我国各地报道的多动症患病率大约为5%。粗略估计，我国现阶段大概有1500万～2000万的多动症儿童。但是，现实中只有10%左右的患病儿童接受了正规的治疗。

ADHD最为重要的发病因素是个体先天的神经系统发育不良，之前，它也被称为脑功能轻微障碍。它的平均遗传度为70%～90%。也就是说，ADHD主要来自遗传因素。例如，神经生化和精神药理学研究发现，这些儿童的大脑神经化学递质失衡，其中，作为产生心境满意感和平静感的重要神经递质多巴胺（DA）和去甲肾上腺素（NE）功能都很低下，对人的行为起制动作用的五羟色胺（5-HT）的水平也很低。可见，ADHD的发病原因中，生物因素是发挥绝对作用的。通俗地说，就是因为他们的大脑内有不恰当的过度活跃因素，所以他们的外部言行自然就是躁动不安的，相比正常行为而言，多余的行为自然就停不下来。

具体来说，ADHD的危害性主要体现在学习困难、适应不良和品行障碍方面。因为注意力不能保持足够的时间，他们在学习知识技能时，就必然发生困难。学习知识技能时存在问题，患者会失去自信心，继而自卑压抑，学业和人际关系方面的问题就随之而来。此时，他们又容易受到老师和家长的批评、指责甚至惩罚。同时，由于兴奋好动，患者很难静下心来理解社会的基本规则，尤其是道德规则，那么，他们品行上的问题也就不可避免了。值得注意的是，大多数的老师、父母最初会以为这些孩子是不听话、不爱学习，是故意顽皮捣蛋。事实却是，这些孩子并不是主观上的不想学习、不想守规矩，而是他们神经系统的过度兴奋、过度活跃让他们根本做不到集中注意力来完成正常的同龄人应该完成的事情。

可见，患有ADHD的儿童的不良行为也正是通过学业不良、不能遵守社会规则这两条路径发生的。他们的基本发展轨迹是：ADHD——品行障碍（包括对立违逆障碍与破坏性行为障碍）——反社会行为倾向——精神病态倾向（Psychopathy Inclination）。这其中的发展路径与机制是一脉相承的，具有明确的连贯性。

对于这些症状，如果没有及时的认知和适当的治疗，反而是进行严厉的管教和惩罚，那么，相应的消极反应就会随之而来，而且性质和程度会越来越严重。

例如，前文提到的从高楼抛扔婴儿的10岁女孩。

平时她在学校里就是躁动不安的，基本上不守规矩，言行也怪诞，父母和老师都管不了。在事发前的两三天，她的同学就听她说，她要把小孩装进书包里从高楼扔下。她还当着同学的面吃下了捏碎了的蜗牛!由此可以推断,她应该从小就有严重的ADHD。这很可能和她在小时候的一次交通事件中遭遇的脑损伤(TBI)的叠加作用有关。

这类儿童平日里同样是强烈兴奋的,如言行亢奋、不守规矩。他们在青春期荷尔蒙的作用下具有强烈的性冲动,有明显的"感觉寻求倾向",但没有建立应有的道德规则意识。从医学和心理学的角度而言,如果能够进行及时的诊断和治疗,就可能大大地阻断其反社会行为的发展。

这类案件清楚地表明,儿童的注意缺陷多动障碍,有较大的可能直接引起学习问题和品行障碍。如果一个人没有培养应有的社会性品质,自然地也只有本能性的驱动力发挥作用了。到了青春期,他们基于本能发生伤人毁物、性侵害等行为的可能性就较高,他们作出反社会行为也就是水到渠成的了。

当然,这并不是说ADHD患者就必然是违法犯罪者;而是说,在不当的、错误的教育方式,不良环境的影响或者生活事件的打击下,他们是违法犯罪的高风险人群,更容易实施暴力行为;他们也更可能被激怒,而进行冲动性的暴力伤害。

医学临床经验与司法实践都已经证明,ADHD是青少年违法犯罪的重大隐患之一,如果叠加了后天不良教育的催化,患有ADHD的儿童在青春期时较可能成为现实的规则违反者,并可能成为持续型的青少年犯罪人。

所以,ADHD要及早发现及早治疗。临床上已经证实:如果进行针对性的精神药物治疗和专项注意力训练,可以改善患者的注意力和兴奋状态,提高其社会适应性。这样他们才能顺利完成学业，建立规则意识，树立道德规范，具备正常的心智功能。这也是预防 ADHD 患儿滑向违法犯罪深渊的根本之道。

附：
DSM-IV 专业诊断 ADHD

A. 必须符合第一或第二点：

1. 下列注意力缺失症状中，必须有 6 种（或 6 种以上）症状在过去 6 个月内持续出现，而且其程度与孩子年龄该有的状态不成比例且不合常理。

注意力不足

a. 无法专注于细节，或在做学校功课、做家庭作业及进行其他活动时，常因为粗心大意而犯错。

b. 常常无法长时间专注于所做的事情上。

c. 人们对他说话时，他似乎常常不专心听。

d. 常常不完全按他人的指示行事，并且不把学校功课或其他事情完整做完（不是因为叛逆行为或理解力不足的缘故）。

e. 常常无法有系统地做事情和活动。

f. 逃避、厌恶或不甘心、不情愿地执行需要持续花费心神的任务（如在课堂上或做家庭作业时）。

g. 常常遗忘做事情或活动所需的工具（如玩具、作业本、书或其他文具用品）。

h. 常常因为外在事物而分心。

i. 日常生活中老是忘东忘西。

2. 下列多动及冲动症状中，必须有 6 种（或 6 种以上）症状在过去6个月内持续出现,而且其程度与孩子年龄该有的状态不成比例且不合常理。

多动

a. 手脚总是动个不停,或在椅子上滑来滑去。

b. 在班上或其他必须乖乖坐在座位上的场合,时常站起来。

c. 常常跑来跑去,或在不适当场合过度爬上爬下(青少年或成年人如有这种行为,很可能只造成主观的多动印象)。

d. 常常无法安静地玩或从事休闲活动。

e. 常常处于忙碌状态,或经常像是被驱赶着去做事。

f. 常常过于多话。

冲动

g. 常常在别人尚未问完问题时,答案已脱口而出。

h. 无法耐心等候、排队。

i. 常常打断或干扰别人(如突然插入别人的谈话或游戏)。

j. 在7岁之前,便已出现某些造成不良后果的多动/冲动或注意力缺失症状。

k. 这些症状造成的障碍在两个或两个以上的领域出现(如在学校、工作场所或家庭)。

l. 必须在社会和(或)学校行为或活动方面具有明显医学意义的障碍现象。

m. 症状不全是在深度发展障碍、精神分裂症或其他精神障碍的发病过程中才出现,并且也无法用其他障碍或更贴切语言加以描述(如情绪障碍、害怕障碍、分离障碍或人格障碍)。

校园暴力：
疯狂的报复

"校园暴力"这个词总会强烈地刺激人们的神经。

我们先来看一个真实的案件。

卢某，出生在北京一个普通的家庭。他从小聪明伶俐，学习成绩一直很好，也就是现在人们所说的"超级学霸"。1984年，他18岁时，顺利地考入某著名高校物理系；就在进入大学的第二年，他通过中美物理学支持计划，被选拔到美国爱荷华大学留学。经过六年的勤奋学习，1991年10月，他顺利通过了博士学位论文的答辩。

可是，就在他完成博士论文答辩的几天后，发生了令人震惊的卢某杀人事件！

1991年11月1日那天，卢某像往常一样，带着一个黑色皮夹来到学校。物理系的大楼里，正在进行一场天体物理学的高级研讨会。他来到二楼，推开教室门，扫视了一眼坐在前排的专家，然后径直走到教室的后排坐下，静静地听了大约五分钟的报告。突然，他站起身来，从黑色皮夹中拿出一把手枪，快速走到教室的前排，对准他的博士生导师，向其头部与胸部连开两枪！紧接着，他又把枪指向旁边的导师助理，也开了两枪。

枪声响起,两人应声倒下。顿时,整个教室里惊叫声四起。卢某又冷静地走到第三排的位置,用枪指着他的同学山某华,愤怒地瞪了一眼,然后对着他的头部、胸部开了三枪,山某华随即倒在血泊之中。教室里,大家都惊恐地蜷缩着,一动也不敢动。卢某向会场扫视了一眼,没有开枪,也没有说一句威胁的话,直接走出了教室。

卢某快速地来到三楼,直奔物理系主任的办公室。系主任正在里面,显然他已经听到了楼下的枪声。系主任放下电话正往外面走,与推开门进来的卢某正面相遇,他俩对视了一下,卢某对着他的前胸就是一枪。在确认系主任已经死亡后,卢某快步走出了办公室。

教学楼的过道里,有惊恐逃散的学生,卢某没有开枪,也没有任何威胁的举动。

卢某走出教学楼,来到相邻的行政大楼,到了三楼,他直接走进副校长的办公室,副校长一眼看到他手里拿着枪,惊慌地站起身来,还来不及说话,枪声就已经响起,副校长顿时倒下。在旁边位子上的副校长秘书本能地伸手去拿电话,卢某向她开了一枪,秘书也随即倒下。卢某在现场看了一下,站在那里好像呆了十几秒钟,之后就走出了副校长办公室。

来到二楼,卢某突然向自己头部开枪,随后倒在血泊之中……
这起杀人事件共造成六人死亡。

被害人中有他的博士生导师、导师助理,有他的留学生同学山某华,他们都身中致命的两三枪。另外两名被害人是物理系主任和副校长。

这是一场有计划的枪杀事件。卢某在教学楼与行政楼里都遇到了不少人,但他没有开枪,也没有任何威胁的举动。唯一的一名计划外的被枪击者是副校长的秘书,因为她本能地去拿电话报警,结果,被卢某枪击,导致高位截瘫。

他为什么没有随意杀人?大家想一想,这是不是和1999年的美国校园枪杀事件中枪手哈里斯.有意放走一名曾经帮助过他的同学的情形有几分相似?

是的,有惊人的相似,因为他们都不是自己仇恨的对象!

卢某杀人的动机是什么?这看起来就是仇恨杀人。

据美国媒体报道,枪杀发生的直接原因可能是卢某的博士论文没有获得学校的最高奖学金,而他的同学山某华却获得了该奖项(山某华也因此获得了在学校博士后工作站工作的机会)。卢某认为,这是山某华从中作梗导致的。难道因为没有获得奖学金就大开杀戒?事实上,卢某确实向系主任和学校主管副校长反映过所谓导师教育不公平的问题,但是一直没有人理会。

还有人分析,经过六年刻苦学习即将得到博士学位的卢某,却无法在美国得到一份体面的工作,因此,他是难以忍受美国社会对外国留学生的排斥才报复杀人的。

可能还有一个比较隐秘的原因:那段时间,他的女友提出了分手,卢某正面临着亲密关系的丧失。但是,他并没有去报复女友。这样看来,分手不是主要的原因,最多只是一个助长因素而已。

卢某的枪杀对象非常明确,而且多数有致命的几枪,表现出他强烈的憎恨,但是,这背后更为深刻的、更为核心的心理动因是什么?

美国警方截获了卢某在事发前几天寄往国内的包裹、汇款和信件。信件共有五页，其中四页英文一页中文（中文的信是写给他二姐的，信中交待了一些事情和对二姐的感谢）。英文信中则充斥着对美国社会不公平现象的愤怒！

从心理现象及行为模式上可以推测，卢某一直以来的偏执性格才是这起报复事件的根本原因。

第一，卢某对自己的期望过高，将自己处境的不如意归因于导师与同学的蓄意为难以及学校管理者的不公平与漠视，认为是他们导致了自己人生的重大失败。这是他难以接受的现实。

第二，面对这样挫败的局面，他觉得自己是彻底失败了，没有前途，这样的人生就没有任何价值。因而他对美国大学、美国社会充满了愤怒，最后进行最为彻底的自杀式报复。

更进一步来看，这种偏激性格的核心是什么？

这里就涉及一个关键的概念——自尊。

什么是自尊？就是自我尊重，是自己对自己的看重，是在对自己的能力、地位和价值评价基础上形成的积极体验。一个人有了自尊感才有相应的安全感、归属感和价值感。有自尊的人，不会向别人卑躬屈膝，也不允许别人歧视、侮辱自己。但是，不恰当的自尊是自狂、自卑和虚荣，它们都是伪自尊、虚假自尊，是不切实际的，或者是完全依赖外在的评价而形成的。它们有害于心理健康，对行为也有消极的导向作用。

卢某有自尊吗？表面上看，他的报复行为好像就是为了维护自己的自尊，维护自己的地位和价值。而实际上，这是虚假的自尊。他把自己的价值完全建立于外界的评价上，建立在一事一物上，一件不成功的事情就否定了自己全部的价值。所以，当他没有获得博士论文的最高奖学金时，就认为自己是一个完完全全的失败者，一个没有价值的人，并且将其归因于导师、同学的阻拦或者从中为难，从而做出极端的报复行为。这实际上是卢某内心的狂妄和虚荣心在作怪。这才是导致他的偏激行为直接的心理动因。

这一事件震惊了教育界，有媒体说这一事件对天体物理学是重大打击。

那么，我们应该怎么看待卢某杀人事件？

是不是可以这样来看：卢某事件是他偏执的观念、虚荣心和环境交互作用的产物。

那么，具体是什么原因导致了校园暴力者的出现？

从整体而言，校园暴力者大致可以分为两大类。

一类是，他们从小到大，本来就是蛮横无理的人，是家庭养成的暴力者；另一类，是被欺凌后成为暴力者的，是暴力的反抗者。

第一类人，他们往往是家庭教育的失败导致的。养育一个孩子是生物进化的成果，这不仅是个体的努力，也是人类进步的过程。要培养一个任性的坏孩子很容易，只要对他百依百顺就可以了。每一个孩子都是天生的儿童心理学家，他自然就会察言观色，会准确掌握大人的想法；如果自己的欲望随时都能被满足，他就不会去听从什么规则。这也是人的惰性决定的。

一杯清水中滴入一滴脏水，这一杯水就脏了，那为什么一杯清水不能够清洁一滴脏水呢？这说明什么？人要学好很难，要克服自己的惰性；而相比之下，学坏就容易多了！

家庭教养在其中发挥了重大的作用，如果方式不当，就会形成隐患。其中，溺爱的方式尤其值得警惕：任性的儿童，长大了就容易变成任性而偏执的青少年。

从小任性，心中只有自己！随时满足自己的需要是理所当然的，一旦不能满足，便生怨气，甚至仇恨之心。

因此，对孩子不当行为的适当惩戒是必要的，所谓"夏楚二物，收其威也"。

另一种不当的教育方式，是家长的独断专行。还有一些家长一味相信"棍棒之下出孝子"。结果呢？棍棒之下多是逆子！因为孩子们体验了暴力带来的痛苦，也把暴力当成解决问题的有效方式了。到了学校，遇到不顺从自己的同学，或看不惯的现象，他们自然就充当欺凌者了！

另一类校园暴力者，是对持续欺凌的反抗与报复。他们是由受害者变成施暴者的。

一般而言，校园暴力者都有共性的经历：强烈的挫败感和心理创伤。主要体现在三个方面。

第一，学习的挫败感。越轨的、暴力的青少年往往是从学习失败开始的。实际上，学习不好本身并不是什么太大的问题，因为学习能力的培养有许多的机会和方法，况且，人生的道路有很多，条条道路通罗马。但是，如果因为学习不好，老师、家长就全面地否定孩子、排斥孩子，这种标签的污名效应才是真正的危害，这样会导致孩子的自我否定，觉得自己一无是处，进而自暴自弃，也就慢慢出现了情绪问题、观念问题，并导致人格偏差，这是越轨犯罪的前奏，校园暴力行为只是其中体现之一。

第二，人际孤立。亲人无法理解，同学都远离他们。他们很可能离家出走，之后更加孤立无助，也有可能加入不良团伙以得到一些安全感、归属感。他们在不良团伙中又认同了暴力解决问题的方式。他们渐渐地仇视他人、社会，认为他人才是自己挫败和痛苦的来源。此时，他们容易把不怕死的亡命徒看作英雄；如果此时再遇到同样境遇的同伴，他们就很可能结成同盟，甚至共同到学校去报复：一来保护自己不再受到伤害，二来重新树立自己所谓的地位与尊严。

正所谓"蓬生麻中，不扶自直"；"白沙在涅，与之俱黑"。

第三，更为普通的现象是，他们在学校持续受到了欺凌。他们的愤怒不断积累，难以承受，难以消解，甚至造成了心理创伤。这时，校园暴力就成为释放压力的直接途径，变成了一种大概率发生的事件。

我们再来看一起发生在美国的校园枪击案件。

弗吉尼亚理工大学的一名韩裔学生赵某熙，从小随父母移民到美国上学。因为亚裔口音和内向的性格、矮小的身材，他经常受到白人同学持续不断的羞辱和欺凌。到23岁时，他出现了严重的心理疾病。他在大学三年级时感到无法忍受，痛苦难当！

赵某熙在半年前就开始准备报复他的同学们。他在网上买了两支大杀伤力的手枪（其中一支是奥地利格洛克，威力很大，射击精准）。案发前，他在荒野外已经进行了多次的射击练习。

2007年4月16日上午，他身背一个背包来到学校。背包很沉的样子，因为里面装着两把手枪与170多发子弹，还有一条铁链。一场校园枪杀已经临近!

他走进MORRIS教学楼后用铁链锁死后大门,然后径直来到二楼的教室,推开教室门,教授正在上课。教授感觉他影响了课堂秩序,本想责问他,但仔细一看,他手里拿着枪!教授还没有来得及反应,枪声已经响起。由于格洛克手枪使用的是9mm口径子弹,杀伤力很大,教授的血喷射在身后的墙上。顿时,教室惊叫声四起,赵某熙转身,调转枪口对着教室的学生愤怒地射击!在教室的封闭空间,每一声枪响就意味着一个人生命的逝去。看到教室里的人都倒在地上,他走出这教室,来到隔壁的教室。

隔壁的教室里也在上课,听到剧烈的枪声,一开始大家蜷缩着不敢动,也有躲在桌子下面的。教室里有一名来自中国的女性访问学者,她坐在前排位置。当枪声停下来时,她壮着胆子去开门,想看看是什么情况。一开门,她看到一个人正在推门,手里拿着枪!四目对视,她第一眼就看到了对方愤怒的眼神!这名访问学者本能地用力关门,其他同学也赶来全力推顶着。大家担心,怕枪手会向门开枪,但奇怪的是,枪手并没有开枪,仿佛迟疑了一下,转身朝其他教室走去了。

大家想一想,枪手能用手枪打开门吗?完全可以。但是,他为什么没有这样做?后来推断,是一张亚洲人的面孔,保住了一间教室十多人的命!

然后,枪声又响起……在10分钟左右的时间里,他一共疯狂地射出了170发子弹!最后,在警察冲进教学楼前,赵某熙开枪自杀!

这就是弗吉尼亚理工大学校园枪击事件,加上来学校前在学生宿舍枪杀的两人，赵某熙共造成33人死亡，29人受伤。62人的伤亡，这也是目前美国校园枪杀事件死亡人数的最高纪录！

长时间以来，赵某熙持续地遭受到白人同学的欺凌，身体暴力和言语暴力的叠加，导致了他严重的心理创伤：在枪杀事件的半年前，他就已经患上了恐惧症（惊恐发作），甚至看过心理医生。患上这种精神疾病的人，想起特定的某件事件时会担心害怕，还会持续不断地惊恐发作，这种突然发作，仿佛即将面临死亡。这如何了得？在这种心理状态的支配下，患者要么自己消失，要么让恐惧的来源消失，那就是自杀式报复！

实际上，学校早已经知道赵某熙的心理问题，赵某熙也释放了一些危险信号，但是并没有引起足够的重视。例如，赵某熙选修过一门文学课，他在作业剧本里描写了一个少年复仇的故事，其中还详尽地描述了一个血腥的屠杀过程。他在课堂上宣读时，同学们都听得胆战心惊、后背发凉。下一次上课时，原来班上选课的三十多个同学，只来了一半。老师找到那些没来上课的学生询问原因。那些学生开玩笑说，赵某熙的剧本让他们害怕，他是一个将来某一天可能拿起枪向同学开火的家伙。没有想到一语成谶，同学的一句戏言竟在不久之后就变成了血淋淋的现实。

而赵某熙的家人忙于生计，忽视了他在大学期间的痛苦遭遇。大家都不知道在文化歧视与欺凌的环境中，一个内向、胆小的青年已经转变成狂暴的校园枪手，转变成一个走上自我毁灭道路的狂徒！

枪击发生当天，赵某熙的母亲在校园枪击事件的慌恐之中还是等来了噩耗。警察来到她家里时，她歇斯底里地问警察："我的儿子是不是已经死了?"警察回答道:"是的,而且,枪手就是你的儿子。"赵某熙的母亲简直不相信自己的耳朵!当场就昏死过去了。

赵某熙在事发前几天,写下了1800多字的宣言书,录好了光盘,把它们一起寄到报社。宣言书以过去时的时态表达了他对美国个人欲望膨胀与种族歧视文化的仇恨,并向他自己崇拜的所谓的两名"勇士"致敬:一是1999年的科罗拉多中学的校园枪手哈里斯,二是持续18年投放邮件炸弹的"天才疯子"卡钦斯基。至于宣言书上为什么用过去时,因为他知道当大家看到这份宣言书时,他早已经不在这个世界上了。

这就是校园欺凌带来的心理创伤和仇恨,加上美国泛滥的枪支暴力文化,导致了类似惨案持续上演。

校园的欺凌者就是他仇恨的对象,并慢慢地泛化到对美国文化、大学校园的愤恨,这种严重的心理创伤正是校园暴力发生的直接原因。

那么,应该如何预防校园暴力?

在家庭教育中,要有科学的教养方式,以真正的爱来培养孩子。同时,也要磨炼青少年的坚强意志,因为温室里是长不出参天大树的。

在学校里,要有有效的制度,及时化解同学之间的矛盾、冲突,防止同伴之间欺凌及其给学生心身带来的创伤。

而且,家长和老师也要格外注意青少年已经发出的以下危险信号。

● 加入不良团伙,有不良的行为表现。

- 有持续的冒险行为。
- 在个人作品、日记、日常言行和网络社交平台中表现出寻求刺激、叛逆和反社会行为的倾向。这种狂妄表达实际上是潜在的攻击意向。
- 特别关注相关攻击事件,这是在寻找模仿对象。
- 暴力准备,如制订暴力计划,准备武器、爆炸物等,这些都是最为紧迫的危险信号!

对校园暴力风险的干预路径包括:
- 让家庭成为青少年成长中最为重要的精神港湾。
- 让青少年在学校里有亲密关系的好同伴:这是重要的保护因子。
- 学校要特别关注青少年成长中的非智力因素:积极的情感与意志品质尤其重要。
- 当发现危险信号时,要及时进行心理辅导,必要时少年司法手段也需要紧迫地提前介入。

高中生弑母：
愤怒积累的火山爆发

2021年，有了两起高中学生杀害自己母亲的案件。

其中一起案件中，17岁的杨某，是就读于某高级中学的高三学生，杨某的母亲是46岁的全职陪读妈妈。一天，杨某因不服从管教和母亲发生了争吵，随后亲手杀害了抚养自己17年的母亲！事后杨某逃跑，其母亲的尸体直到第二天才被发现。

另一起惨案中，同样是17岁的高三男生李某，也是因为母亲不停地说教，他在情绪激动的状态下用菜刀将母亲杀害。

很明显，这两起案件有诸多共同之处。一是两个犯罪嫌疑人都是17岁，都是高三在读学生，都处在学业的关键时期；二是两位受害母亲都是全职陪读妈妈，为了孩子的升学，辞去工作专门陪孩子就读；三是案件发生的直接起因都是"孩子不服母亲管教，发生激烈的冲突"；等等。

17岁的高三学生、全职陪读妈妈、管教冲突等关键词让这两起极其相似的案件有了一些清晰的脉络。两位全职陪读的妈妈放弃自己的工作，可谓全身心地奉献、牺牲。可是，为什么真诚的投入付出换来的却是"血光之灾"呢？即使孩子不领情，也不至于动手伤害、杀害自己的亲生母亲啊！

这种行为，属于情绪激动下的暴力行为，是在特定的人际互动、冲突情景下的"激情犯罪"和"激情杀人"，是典型的反应性暴力。它与主动预谋的掠夺性暴力行为有明显的区别。最为明显的区别是，犯罪人对被害人没有深仇大恨，也没有故意杀害的预谋准备，只是在升级的冲突情境中、在极端愤怒的情绪的作用下，做出的一种宣泄反应。当时，高涨的愤怒情绪就像惊天骇浪、洪水猛兽一样控制了行为人全部的心理感受和外在行为，仿佛有一股不可控制的力量驱使着他们，直到愤怒的情绪完完全全地、原始般地表达、宣泄出来。直到看到悲惨的后果，理智才慢慢地恢复过来。但是，往往是后果已经造成，悔之晚矣。

犯罪人的个人品行自然是我们谴责的目标，如偏激自私的态度和习惯化的鲁莽言行，等等。同时，在分析这种特殊亲情下的愤怒和极端的心理压力产生原因的时候，我们很容易联想到心理学中的"刺猬效应"。

"刺猬效应"来源于西方的一则寓言，说的是在寒冷的冬天里，两只刺猬要相依取暖，一开始由于距离太近，各自身上的刺将对方刺得鲜血淋漓，后来它们调整了姿势，拉开了适当的距离。这样，它们不但能够取暖，而且还能很好地保护对方。

"刺猬效应"不仅适用于工作关系，也适用于家庭成员之间。家庭成员之间过于逼近的心理距离，容易破坏彼此的"边界感"，一旦其中的一方强势过了界，被动的一方则会感受到个人的心理空间被侵犯，内心会产生压迫感。压迫感就会产生压力和应激反应，有可能驱使个体做出不受控制的冲动行为。

在这两起悲惨的案件中，正是母亲的催促式教育带来的"心理压迫感",导致了孩子愤怒情绪的泛滥和暴力冲动行为的发生。

17岁的少年正处在青春期的关键时期,随着身体的快速成长,他们心理上的"成人感"和独立意识也在急剧成长。这一时期的孩子正处于"独立意识"激增、爆棚的阶段,他们不愿听父母过多的指教和唠叨,即使他们明白父母说的都是对的。他们内心对这些反复说教往往以不耐烦、反感、回避等情绪和行为来应对。这就是逆反心理的外在反应。

其实,这种逆反心理正是他们独立意识、成人感的正常表现。所以,在这种强烈的独立意识影响下,父母与子女间的"边界感"和适当的心理距离就显得至关重要。父母如果不停地破坏这种"边界",把自己的意愿持续地强加于子女之上,就很容易产生与自己意愿相悖的结果。

这种持续地突破边界的行为,给青少年带来的心理压力也会持续累积。它的后果要么是焦虑、抑郁,要么是愤怒。前者是对自己的攻击,后者是对他人的攻击。父母激动的、过激的言行,表面上都是"爱的表达"。如父母常说:"我是为了你的前程,为了爱你才管你,才对你发脾气啊!"但是,本质上,这是父母自己情绪管理的失控。而这种情绪失控的负面影响直接反作用在孩子身上。

父母关心子女的学业、关心孩子的成长是天经地义的事情,但问题的关键是,如何科学、适度、有效地关心子女的健康成长。一方面,激励孩子尽自己的努力去实现个人的目标,尽吾志者无可悔也,也就是说尽力就好了。尤其是现在的高中生,要面对高考的强大压力,绝大多数孩子更需要的是心理减压、轻装上阵,更需要父母润物细无声般的鼓励。

另一方面，父母的迫切希望与实际效果之间并不是成正比的。这就是心理学上所说的瓦伦达心态：越是在乎，就越容易失败。

瓦伦达是美国著名的钢索表演艺术家，在以往的很多表演中他从来没有出过事故。而在一次非常重要的表演中，他面对全场的知名人士，更加深知这次表演的重要意义——它会决定他在钢索表演界的地位。他不断地想着，"这次表演太重要了，千万不能失败，千万不能失败"。他越是担心这些，就越是心神不定，最后从钢索上跌落下来。这种受到过度关注又患得患失的心态，就是瓦伦达心态。

正如上述案件中，两位母亲对儿子的学业过度担心，导致她们无形之中给孩子施加了过多的压力以及消极情绪，以至孩子的内心几近崩溃而母亲却浑然不觉，最后酿成灾难。

教育既不是放任不管，也不是强迫式的管得太多。高明的教育是守望，再加上积极的支持和鼓励。换言之，成功教育的常态是赏识教育；是以无条件的积极关爱为核心，以一颗心灵唤醒另一颗心灵。

少年的情绪化反抗：
极度追求自尊与个人英雄主义

2004年，贵州一个15岁的少年陈某某，在面对校园欺凌时反杀了欺凌者，这起校园暴力案件重新激起了人们对少年犯罪人强烈攻击行为及其独特心态的关注。

这是一起典型的校园暴力事件，特别值得注意的是，暴力在较短的时间内快速升级。

这起事件的起因其实很简单，就是在学校食堂排队打饭时，一个同学无意中踩到了陈某某的脚，而这个踩人的同学表现出蛮不讲理的态度。他不仅不道歉，反而挑衅地说："我就是喜欢踩！"在这样愤怒的情绪对抗中，双方发生了激烈的争吵。随后，踩人者还叫来七八个同学多次对陈某某进行辱骂和殴打。最后，双方扬言以"校外约架"方式来解决冲突。被踩脚的陈某某没有把这些事情告诉老师和家长。他随身携带一把刀具只身前往约定的校外地点，在激烈的肢体冲突中，踩人者被陈某某用刀刺破了胸前的主动脉，不治而亡。

正如笔者在前面介绍的，校园暴力者可以分为两类人，这两类人同时出现在本案中。一类是，他们本来就是小霸王，平日里就是张狂霸道的，校园暴力行为是他们平日里的习惯性行为，比如这次事件中的踩人者。而且,他们的暴力行为常常以少年帮伙的形式出现。这些结伙的同学为什么会多次、积极参与殴斗?因为他们有大致相同的成长历程,有相同的、相似的以强凌弱的心态。并且,在这种帮伙中,他们确实能通过参与"集体行为",在小圈子里获得一种所谓的归属感和存在感!

这种行为的成因可以从前文关于"溺爱"和暴力式的教育方式的讨论中找到确切的答案。

校园暴力中的另一类人,是被欺凌之后的反抗者。比如这次事件中被踩脚的陈某某。这类人往往是在遭受生命威胁时启动生存模式才实施暴力反抗的。常见的情况是,他们持续地受到欺凌,包括言语的威胁、身体的伤害,还有精神上的胁迫和控制。直到最后,当他们无法承受不断积累的心理压力,甚至生命的威胁时,就快速地从受害者变成有预谋的报复者。

可见,这两类校园暴力者的主观恶性是不一样的。

前者是主动挑起欺凌行为,主观危险性较大,会持续地欺凌其他同学。而且,在多次的欺凌行为发生后,如果没有得到应有的惩戒,或者被欺凌者因为害怕而隐忍,往往会大大助长他们的嚣张气势,他们的欺凌行为也会更加无所顾忌,越来越凶狠。甚至,他们长大之后会变成持续的暴力犯罪者。因为之前的经历使他们感觉到,通过暴力手段可以快速地达成自己的愿望。

而后者是被动实施暴力行为,这种行为是反应性的,相比之下,他们的主观恶性是较低的。当然,在愤怒情绪的作用下,在激烈的冲突中,在恐惧—打击准备模式的酝酿中,在个人英雄主义情结的作用下,这种情绪往往也可能导致不可预期或超出计划的灾难性后果。

因此,校园欺凌的主动发起一方是蛮横的社会规则破坏者,是青少年过度膨胀的个人主义的体现,而且,他们更有可能成为持续的违法犯罪者。而被欺凌之后作出攻击反应的一方,作出挽回自尊的努力,虽然也是青少年个人英雄色彩的反应,但其主观恶性、主观危险相较前者较低。这也警醒青少年,在遭遇校园欺凌行为时,应该在理性的指引下,及时地寻求家庭、学校、社会及法制的救助。

那么,遭受校园欺凌、暴力后,被欺凌者是不是就必然成为施暴者?

对青少年来说,确实存在这样的风险,尤其是对那些本就性情急躁的青少年而言,这种风险更大。但是,这也不是必然的。遭受伤害只是诱发校园暴力的因素之一。这时候,家庭、学校和公安司法机关的支持就是防范校园暴力的重要力量。心理学证明,有效的社会支持是预防青少年暴力行为的重要因素。

校园暴力是难以完全避免的,这和青少年的生理、心理特点有联系,也可以称为青春期之生理与心理的兴奋性、冲动性、偏激性和情绪化所构成的青春期危机。

那么,在校园生活中,如何才能避免成为受害者和施暴者呢?首先,就是尽快离开这种火药味很浓的现场,那不是可以冷静下来讲道理的地方。甚至可以说,在那种场合,讲道理丝毫解决不了问题。不断的言语冲突只会让事态越来越差,甚至引爆双方情绪的"火药桶"。更为重要的一点,就是及时向有关安全责任方求救。

例如，在贵州这起事件中，如果被欺凌的陈某某在遭受身体伤害之后立即向老师、家长求助，或者直接报警，就有多次机会可以化解危机，阻止事态的恶性升级，而不需要一次又一次让自己处于危险的境地，最后只有以命相搏，酿成惨案。

在自己完全没有应对能力的情况下，陈某某没有向老师、家长、保安或警察发出过一次求助，只是孤身一人去面对，这不是真正的英雄行为，而是意气用事，是鲁莽行动。本质上，这只是一种在极度追求自尊与英雄主义的混合作用下，在极端的愤怒情绪的刺激下做出的剧烈反抗行为。

在这类事件中，还有一个重要的影响变量——武器聚焦效应。在这一事件中，冲突的双方都携带并使用了刀具。在激烈的冲突中，任何人看到刀具，都会自然而然地感到害怕，刀具的出现让双方的恐惧感大大地增加，双方都会立刻想到先下手为强，先做出攻击行为以制服对方，或者保护自己。

这就是武器聚焦效应：当身体出现剧烈疼痛时，或者感觉到面临生命威胁时，刀具（或其他武器）就会立即成为具有杀伤力的凶器，从而在极短的时间里使其危险程度大为增加。

这种武器聚焦效应，使得刀具一类的危险物品扩大了极度追求自尊与个人英雄主义行为的现实危害。由此也可以看出，青少年的安全教育与校园安防工作容不得半点疏忽。

正所谓"魔鬼隐藏在细节之中"，千万不要让细节成为恶的放大器：不能让青少年的逞强心理、言语挑衅、肢体冲突，以及携带刀具这些细节成为校园生活如影随形的潜在风险。

亲妈虐待亲生女儿：
情感创伤的病态宣泄

2020年2月至5月，在辽宁某地，一个6岁女童遭受亲生母亲及其男友的残忍虐待。这件事通过网络的扩散自然引起了人们的极大愤怒。其中虐待的细节让人不寒而栗。如果不是孩子的姥姥发现，报警之后紧急抢救，这个遍体鳞伤的孩子早已经在极度的痛苦与惊恐之中离开这个世界了。

人们不禁要问：这是一个母亲的所作所为吗？

怎么会有这么一个人性泯灭的母亲？

这种残忍行为背后的心理动力是什么？

一个母亲虐待、残害自己的亲生骨肉，这不但不符合自然法则，更是严重地违背了社会道德和基本的人性。这种虐待型的故意伤害行为背后，往往有着一些深层次的、隐秘的原因。

首先，孩子是成人婚姻破裂的替罪羊。虐待行为和这个母亲原先的情感生活有密切的关系，这个母亲偏执地认为是孩子的亲生父亲导致了自己生活的不幸，导致了自己所有的痛苦。原先的婚姻走向破裂，客观上无论谁是谁非，这个母亲都认为是对方的行为改变了自己的命运，给自己带来了无尽的痛苦。这直接导致了她对孩子的父亲怀恨在心，且压抑持久。离婚之后，孩子跟她在一起生活，孩子的一切都在反复地刺激着她。例如，孩子长相或者言行像父亲，她一看到这些便自然地想到对方，自然地引发痛苦的记忆和愤怒的情绪；孩子也可能不经意间提到爸爸的好或者想起爸爸，这些都会一次又一次地刺激她的痛处，甚至重新揭开她的心理疤痕。

那么，这种怨恨为什么会演变成为伤害孩子的虐待行为？因为此时，这个母亲内心的创伤持续地隐隐作痛，不断积累，痛苦越发强烈，以至于渐渐地，她既丧失了基本的道德情感，也失去了正常的理性。她将愤怒和仇恨发泄到孩子身上，仿佛孩子就是前夫的化身，是自己痛苦的来源。她将愤怒发泄到孩子身上就等同于发泄到前夫身上一般。甚至，在折磨孩子的过程中，她并不觉得孩子也是自己生命的延续，她只会把孩子看作前夫留下的"孽种"，看到孩子痛苦就如同看到前夫遭受痛苦一样。这样，孩子就完完全全地成为她宣泄内心仇恨的替罪羊！

在这里，我们可以看到情感破裂的心理创伤、愤怒仇恨的情绪与替罪羊这些关键的要素，因为它们直接引发了一种冷酷无情的替代报复心理，进而导致了虐待型的故意伤害犯罪。

其次，这个女童的母亲实际上已经具有了一种病态的心理动力。在长达三个月的虐待行为中，这位母亲没有一点点的反省和觉悟，心理学称之为"良心泯灭"。这说明她已经具有了冷酷无情的人格特征，她并不在乎自己女儿的痛苦和死活，只在乎自己疯狂的情绪宣泄。而且，还有一种可能是，在目睹孩子饱受身体和精神的极端痛苦时，她反而会有一种发泄愤怒、仇恨的兴奋感和欣快感。也就是说，她很可能演变成了一个施虐狂。这绝对是一种病态心理的体现，每次对孩子的虐待都会伴随着强烈的兴奋与欣快。这也是她在几个月时间里持续作恶，并且手段越来越狠毒的内心原动力。

再次，从案件公布的信息来分析，这个母亲并不是天生的恶人，她不是天生的犯罪人！具体来说，女孩的母亲之所以会形成这样极端的仇恨之心、扭曲的内心世界，和她前期的情感生活中的心理创伤有密切关系。较有可能的是她自己在年幼时的成长环境中，遭受过类似的虐待，比如来自父母的暴力伤害、忽视行为，也可能是旁人的虐待行为……这使得她从小就感到了遭受虐待的痛苦体验，并且学到了这种行为方式，还有应对痛苦的极端反应模式。换言之，她自己在小时候遭受了某些心理创伤，形成了对他人的极度仇恨，并慢慢地形成了偏执型的人格障碍。这种人以自己的偏执想法与情绪为中心，极度地主观且任性，缺乏基本道德和理性的引领。也就是说，她虐待孩子的行为，是在自己的心理伤疤的基础上，在情感关系破裂的刺激下，极端情绪的再一次爆发。自然地，无辜的孩子成了替罪羊！

最后，在这起血淋淋的虐待事件中，她的男友是一个不可忽视的助长因素。她的男友的心态显然也是极端消极，甚至是极度扭曲、极度阴暗的，他对这个小女孩同样没有一点点的同情之心。他不仅没有阻止女友持续的施虐行为，反而助纣为虐；两个成年人的加害行为相互刺激、循环升级，他们以狰狞的面目，共同疯狂地残害一个无辜的小女孩。

面对这个残忍的案件，对于犯罪人来说，我们能想到的词语是良心泯灭、冷酷无情。这是变态心理、病态人格导致的犯罪行为，是一种虐待型的故意伤害犯罪。

　　对于受害的小女孩来说，在治疗身体创伤的同时，还需要特别注意给予持续的心理帮助，及时地进行心理急救和系统的心理支持。不仅要帮助她度过这段严重的心理危机，更要帮助她早日回到阳光明媚的生活。让人间的温暖情感、社会关爱和专业人士的支持来抚慰这颗幼小脆弱的心灵。

犯罪实验：
集体的疯狂

有人说：人的内心有天使，也有魔鬼。

对此，你相信吗？

至少，在西方的宗教故事里是有这种说法的：曾经的天使大队长，因为对高高在上的权威不满，带领三分之一的天使造反。最后，这位天使大队长战败，被打入地狱，变成了魔鬼的化身。

这个天使大队长就是西方宗教故事中的人物——路西法（Lucifer）。

社会心理学中所谓的"路西法效应"，就是在天使（善良）变成魔鬼（邪恶）过程中的演化效应。

那么，路西法效应在现实的人世间是否真实地存在？

如果有，路西法效应在什么情况下才会发生呢？

我们先来看一个著名的心理学实验——电击实验（权力－服从实验）。

如果有人让你用高电压电击一个陌生人，仅仅是因为他在学习中犯了一个小小的错误，你会这样做吗？可能不会吧。但是，真实情况是怎样呢？

在20世纪60年代，耶鲁大学社会心理学家S.米尔格拉姆就做了这样一个很有争议的电击实验。

这位心理学家为什么做这样一个实验？

S.米尔格拉姆是犹太裔心理学家。大家知道，在惨烈的第二次世界大战中，犹太人被有计划地、系统地屠杀，这就是纳粹实施的"种族清洗"。其最终解决方案的执行者是被称为"犹太人屠夫"的艾希曼。战后，以色列情报特工组织摩萨德经过15年艰苦卓绝的追查，于1960年在巴西将艾希曼抓获，并将其偷运回国，在耶路撒冷公开审判，审判过程全部公开。在审判中，艾希曼不停地辩解说："我只是在执行命令。"最后，艾希曼被判处死刑。大家原本以为艾希曼这样凶狠的人物，肯定是满脸横肉，面目狰狞。其实不是，他有一张很平常的脸。犹太人记者阿伦特全程旁听了法庭审判，她详细地收集了资料，写成了一本轰动一时的书——《平庸的恶》。

在这样的时代背景下，同为犹太人的S.米尔格拉姆，向耶鲁大学申请了一笔科研经费，用于研究什么样的人在什么情形下才会变成为这样违反道德、违背基本人性的人。

他在社会各阶层中招募了40名被试者，这些被试者每人每天可以得到4.5美元的报酬。

经过多次的预实验，正式实验于1963年开始。

在正式实验开始前，实验者清楚地告诉这些被试者：这是心理学的联想记忆实验，在实验中要进行电击惩罚，以检验惩罚对学习效果的影响；"学生"每做错一次，就要被"老师"电击一次，而且电击的强度会随着错误次数的增加而提升。

在实验的控制台上，明显地标示着30挡的电击位，从15伏到450伏，电击挡位被标示为三组：轻微电击组、中等电击组、高压危险电击组。

在配对学习中,真正的被试者都是担任"老师"的角色,而实验助手(虚假的被试者)扮演学生。

实验中,被试者真切地以为自己实施了电击,而实际上,这并不是真实的电击:因为被电击的学生是实验助手,他们故意回答错误,并假装自己被电击了,表演性地做出各种痛苦的(升级)表情。

实验前,实验者还请精神病专家、学生和社会人士做过预测:在这样的实验中,会有多少人实验电击?会实施多大程度的电击? 调查结果是:被调查者认为只有1%～3%的人会实施高电压电击,也就是说,他们认为,40个人中最多只有1.2个人会以高电压电击对方。

但实验的结果是:80%的被试者都实施了300伏以上的电击,即40个被试者中有26人实施了最高等级的电击!也就是说,有65%的被试者实施了最高等级——450伏的电击。

当然,在实验的后面阶段,所有的被试者会有高度紧张、焦虑的反应。

而这时,实验主试者往往就发出命令:"执行下去,必须做下去!"这样,将近三分之二的被试者最终在实验中实施了最高等级的电击惩罚!

在耶鲁大学的项目档案记录中,类似的实验有24项。它们表明,实验中有60%以上的被试者服从了电击命令!

当然,不同的情境设置,实验结果会有所差异。例如,如果实验的命令者以较为正式的形象(穿正装)出现,被试者的服从比例就较高;而如果命令者以随意的或非正式的形象出现,被试者的服从率则会明显降低；如果主试者以电话方式发出命令，只有 21% 的被试者服从；而如果被试者与"学生"分别在不同的房间里（被试者看不到、听不到"学生"的痛苦反应时），被试者会有高达 93% 的服从比例！

这个实验得出了什么样的结论？

1. 权威的力量强大：它会与现存的伦理道德，甚至基本的同情心对抗。

2. 特定情境的力量有时也可能大于行为人已有人格与信仰的力量。

当然，在违反道德而服从权威的命令时，被试者绝大多数会有紧张、焦虑等痛苦反应。这说明被压制的道德仍然在发挥作用。

在此实验多年之后的追踪调查表明，只有 1% 的被试者后悔在实验中电击了与其没有任何恩怨的陌生人，而高达 99% 的被试者非常肯定地认为这是科学研究所需要的！

在这个具有挑战性的实验的鼓励下，为了进一步确认特定情境对行为人的影响，也有其他研究者做过一个著名的模拟监狱实验。

美国当代著名的社会心理学家 P. 津巴多，在 1971 年时并不出名。米尔格拉姆是他的中学好友，也是他在耶鲁大学时的同事。津巴多在他的电击实验的启示下，突发奇想：他想做一个监狱实验，看看在模拟监狱中会发生什么样的事。

津巴多在斯坦福大学心理系闲置的地下室简单地改造了一个模拟监狱。其实很简单，就只有三个房间，很像当时美国的普通牢房。

实验团队向社会招募 18 名被试者，这些被试者每个人每天可获得 15 美元的报酬。这项实验计划进行 14 天。即实验任务完成后，每人可得到 210 美元。

实验以模拟逮捕程序开始：穿制服的警察开着警车，到被试者的住处，当面宣读逮捕令，然后给他们戴上手铐，把他们押上囚车带走。

到了实验场地后，这些被试者随机分成两组（狱警组与罪犯组），每组有 9 名成员。

狱警组以穿警服、手持警棍为标志。

罪犯组则以穿囚服作为标志。

实验规则是：所有被试者需要按各自的角色行事，共同完成 14 天的角色模拟任务。

实验开始时大家都觉得这像做游戏一样好玩，有一定的刺激性，并没有什么压力。但出人意料的是，实验的第一天就出现了麻烦。

第一天，冲突初露端倪。"狱警"开始斥责"罪犯"，用警棍比画，恶语训诫对方："你们要服从命令！按时睡觉，按时起床！"而且他们还会重重地敲打铁门。"罪犯"则想，怎么还来真格的，他们心生怨气，骂骂咧咧的，和"狱警"有些言语冲突。

第二天早晨，有几个"罪犯"没有按时起床。"狱警"就直接对"罪犯"实施惩罚：要求他们不停地做伏地运动，并命令他们重复清扫卫生间。"罪犯"从明确反对直到反抗，并在怒骂推搡中和"狱警"产生了肢体冲突。但是，"罪犯"最后还是屈服于"狱警"的权威，极不情愿地接受了体罚。

第三天，冲突骤然升级。"罪犯"感到自己受欺负了。"他们有警察特权，所以，我们要团结起来对抗他们。""罪犯"马上作出有计划的反击，设计袭击了两个"狱警"。

第四天，相应地，"狱警"迅速地作出报复性的反应，有针对性地对"罪犯"中的策划者、组织者进行加倍的身体惩罚与精神惩罚（羞辱）。

第五天，双方的冲突升级为有组织性的、更为严重的暴力行为。"狱警"与"罪犯"都实施了有计划的袭击、殴打与纵火行为。对"狱警"而言，他们是在实行强有力的权力管理，是在惩罚对方；对"罪犯"而言，他们是为了保护自己和找回尊严，不得已才奋力反抗。此时，双方的暴力冲突已经非常严重，甚至随时可能危及对方生命了。

在实验进行到第六天时，学校来了一个学术考察团参观。他们听说有这样一个实验，就好奇地来看看。考察团一看实验现场，发现不对劲，有危险情况，实验再这样做下去会出人命的，于是建议马上中止这个危险的实验。其中的极力劝阻者之一就是津巴多后来的妻子。

幸好，实验主持者津巴多听从了这一建议，他觉得实验的目的也达到了，就中止了这一危险的实验。

这个监狱实验的结论是什么？

1. 在规则的驱使下，人们很容易发生角色认同：在随机分组之后，很快形成了警察心态与罪犯心态。一组是："我们是警察，有权力按警察规则行事了。"另一组则是："我们就是罪犯，就要进行有力的反抗！"

2. 情境的感染力很大：哪怕是模拟的监狱环境也很快地造就出尖锐对抗、冲突的氛围！

对抗从言语冲突到肢体冲突，再到有计划的暴力冲突。其中，人际冲突的进展很快：内部群体与外部群体自然形成。同时，在双方的对抗中，还体现出领导者、组织者的作用：有起控制作用的，有服从的，也有从众的，这样各自获得了群体内的权力感、安全感和归属感。

这些结论，得到了社会心理学界的普遍认同。这个实验还多次拍成纪录片和电影，其中一部电影的名字叫《死亡实验》。2004年，作为著名的社会心理学家，津巴多应美国司法部门的邀请，成为2003年美军虐囚事件审判的专家证人。

我们知道，犯罪行为有单独实施的，也有共同实施的。

在共同犯罪中，除了共同犯罪目标的吸引之外，还有什么力量把犯罪人聚集在一起去犯罪？其中，就有群体凝聚力的因素。

那么，在团伙犯罪中，这种凝聚力是怎么体现的呢？

以青少年团伙犯罪为例，他们可能开始就是出于共同的兴趣、相似的遭遇聚集在一起。其中一旦有人出现越轨或犯罪行为时，团体的影响力就发挥作用了。这种影响力主要体现在服从心理和从众心理两个方面。

第一，服从心理。比如同伴受欺负了，就要去报仇；打架就要一起上，有难同当，有福同享，美其名曰："为朋友两肋插刀！"这是团伙规则与潜规则的作用，也有团伙主犯对团伙组织的控制作用。

第二，从众心理。例如，在不良团伙中，大家想一起去网吧玩游戏，可是没有钱，有人就提出盗窃工地的财物来换钱玩。有人赞同，那其余的人会怎样选择？不去，意味着离开团伙；去，就是违法犯罪。这时，从众心理就自然会发挥作用。

常见的情况是："大家一起去！反正也不是我一个人干的。"这就是责任扩散心理在发挥潜在的巨大作用。

而在升级版的团伙犯罪，也就是有组织犯罪中，又有什么表现呢？

例如，黑手党就是有组织犯罪的最高级的形态。黑手党，原来是意大利西西里岛的民众为了保卫行业利益而自发形成的自治组织，后来演化成为以极端暴力为特征的、高度组织化的犯罪组织。19世纪时，在欧洲向美国的移民浪潮中，建立起以纽约为中心的犯罪集团，后来被美国联邦调查局（FBI）摧毁。

黑手党犯罪的恶名远扬，但它的运作效率很高。因为它有严格的帮规，比如命令第一，服从命令是绝对的要求；尊重帮伙的任命；等等。

具体来说，有组织犯罪团伙成员的心理也体现在以下两个方面。

1. 无条件服从。

犯罪组织有明确的奖惩规则与等级规定；而且犯罪首领的意志具有绝对的权威性，其他成员对其命令要无条件服从。这样，可以保证"犯罪利益的最大化"。

2. 对犯罪组织有归属感与荣誉感。

比如在黑手党中，"戴礼帽，穿风衣，手拿AK47"更像是一种荣誉的标识装扮。

此外，还有一种特殊的群体犯罪，它们不是共同犯罪，却有着和共同犯罪一样的严重的破坏性，这就是集群行为。集群行为主要表现为众多人在特定情绪的感染下，发泄愤恨、宣泄不满的破坏行为。

这类犯罪往往是众多人为某个事件所吸引，聚集在一起，在狂热的情绪与行为的感染下爆发出疯狂的破坏行为，如球迷闹事事件就是集群行为。

在集群行为中，可以明显看出群体压力下的独特心态与典型的行为模式。

1. 群体意志。

个体独处时往往有自己的个性，而在激动的群体中，个性常常被淹没，其行为更多地体现出群体的意志。也就是说，这好像是大家的想法与行为，不是我个人的想法与行为。这就是社会心理学中所说的"去个性化"。就像是一个人跳入惊涛骇浪的洪水之中，不能控制自我一样。

2. 疯狂举动。

身处其中的个体会做出比平时更为疯狂的破坏行为；行为人在平常生活中被压抑得越久，被压抑得越深，他的行为就越疯狂！

而且，这时的疯狂行为大多是非理性的。例如，在足球比赛中，不承认败北一方的球迷，其中一人怒骂裁判或者扔瓶子，其他球迷就会自动地效仿，仿佛这就是在强大压力下的统一行为规则。社会心理学将这种现象称为"紧急规范驱动"。

通过电击实验、模拟监狱实验，也让我们真实地看到了人性的弱点。

我们的内心之中会发生天使与魔鬼的斗争,这种斗争在服从压力与特定的情境中真实地展现出来。这种路西法效应真切地体现在团伙犯罪、有组织犯罪和集群行为中。

这再次验证了个体存在着对权威无条件服从的心理;特定的情境对行为具有强大的影响力。

从中,也警示着现代社会中的每一个人,在社会文明进程中,在个体行为的塑造中,有两样东西是至关重要的。

外在的是,要有善良的制度规范;我们不要恶法,我们需要善法!

内在的是,要时刻保持理性,尤其是在出现重大情绪性事件的时候,更要有理性的警觉。

这样,我们才不会走向集体的疯狂!

天才的疯子：
反社会人格者的狂欢

有一句很流行的话是这么说的，"天才向左，疯子向右"。似乎简单地用左右方向就可以把天才和疯子既区别又联系起来，仿佛天才与疯子的唯一区别就是思维方向的差异。

难道天才和疯子之间只是一念之差？

先来看一个案例。

案例中的主角既是一个天才，也像一个疯子！

先看这个天才的表现。

他在12岁时测得智商为167分，绝对属于千分之一的极少数人。

他16岁时被哈佛大学数学系录取。

他仅仅用两个多月的时间就解开了困惑大学教授十几年的数学难题，他写的毕业论文在全美国也只有十位左右的数学专家能看懂。可见，他确实是一个难得的数学天才。

他25岁博士毕业时，就被美国加州大学伯克利分校、西北大学等几所名校争相聘为教授。

就是这样一个天才，前途一片美好。几年之后，他却突然从人们的视线消失。他在蒙大拿州的偏僻郊区买了一块小林地，自己动手盖了一间小木屋，一个人在那里自由自在地过着原始人般的生活，基本不用现代社会的设备。

七年之后，当他重新出现在公众视野时，却是邮件炸弹客的神秘身份：他直接威胁美国政府与学术精英。那么，他是如何威胁的？

在1978年至1996年的18年间，他以邮件炸弹的方式威胁、恐吓大学研究机构的精英们，让他们放弃遗传生物技术的研究。这些爆炸造成3人死亡、几十人受伤，以及持续18年之久的恐怖气氛。

一个数学天才变成了炸弹疯子，这是为什么？

从表象上看，他自小聪颖过人，课程学习对他来说根本不是问题，而因为跳级，他周边的同学都是比他年龄大的孩子，这阻碍了他的正常社会化，没能发展起正常的人际交往能力，也没能建立起正常的情感。虽然学习成绩优异，实际上，他却是在孤独氛围中长大的，所以他也只能把所有精力投入到学习中去。

在哈佛大学上学时，一项关于意识对行为控制的心理学实验，让他感到很恐惧，他认为人类终将成为某些权威或者精英的宠物。这时他就开始有了对抗社会、对抗权威的偏执认知，反社会的人格就此开始形成。

在他自己的那间小木屋里，七年田园般的生活过得自由自在，然而游客的不断打扰与日益逼近的经济开发活动让他感到痛苦难当，难以忍受。他开始偏执地认为人类的工业文明必将导致人类的悲惨命运。因此，他决定凭借自己的力量来挽救人类的命运，拯救普通民众于水火。于是，他开始自制炸弹，以邮件炸弹的方式警告两位获得诺贝尔奖的遗传生物学家停止基因研究。后来，他又不断地在越来越多的公共场合安放炸弹，并取名为"炸弹运动"。他认为"炸弹运动"中对一些人的伤害是警醒人们的必要措施,这只是附带的伤害,是值得的。

十多年来,筋疲力尽的警察一直在努力侦办案件,可是他们无论如何也找不到放炸弹的人的影子!

办案警察无奈地思索:"他到底要干什么?有什么具体的要求?"后来,这位炸弹客胁迫警方发表他手写的3.5万字宣言:《工业社会及其未来》,否则,就要炸掉一架飞机。美国警察将计就计在《纽约时报》《华盛顿邮报》上部分刊发他的"宣言",并以此为诱饵征集线索。这位炸弹客的哥哥看到此份宣言书时,向警方提供了线索(实际上是他哥哥的妻子以女人的直觉判断这份宣言内容很符合丈夫的亲弟弟的风格)。警方得到这条线索后,很快锁定地点,在那个小木屋里把这名炸弹客抓获。

此时,这名炸弹客在内心感叹:"我所仰慕的人,我所爱慕的人,我所信赖的人,都彻底地抛弃了我!"这其实是指他曾经信仰、依赖的国家权力机构、学术精英和亲人,都抛弃了他!

最后,在1998年,他为了延续其偏执的理念,以承认有罪、不得上诉为条件,换得了终身监禁的处罚。

他就是震惊西方世界的美国天才人物"邮件炸弹客"——T. 卡辛斯基。当年他还成为美国《时代周刊》的封面人物。截至2023年,仍在高警备监狱服刑的他已经81岁!

他就是典型的反社会人格、偏执性人格的犯罪者。

这类人的内心世界是怎样的?

其实,反社会人格(ASPD)是学术界最早研究的人格障碍类型,也是犯罪心理学从精神病态角度研究特殊犯罪人的开端。

关于反社会人格，当代具有代表性的研究成果是美国犯罪学家、精神病专家克莱克利1976年的著作《正常的假面具》。在这本书中，他列举了反社会人格者的16条特征，其中核心的特征是反社会性、无道德感以及极端的自以为是。这类人一般来说还比较聪明，比如卡辛斯基以故意写错收件人地址的方式来邮寄炸弹，当邮件被自动退回到寄件人时，那所谓的寄件人才是他真正要袭击的目标。这很有计谋性，又能很好地隐蔽、伪装和脱逃。

这类反社会人格障碍的升级版本就是精神病态（psychopathy）。特别需要注意的是，精神病态并不是精神病，它可以被看作反社会人格障碍的特殊类型。

加拿大精神病专家R. 黑尔，在1995年编制了《精神病态症状清单》（PCL-R）这样一个专家评估工具，用来诊断、发现这类危险的人，这项评估被业内认为是检测精神病态人格特质的"黄金标准"。这项评估的内容体现了精神病态人格的两大核心特征。

1. 人格特征。

他们具有冷酷无情的人格特征，不仅没有基本的道德感，而且会主动寻求刺激。

这种人的内心是很狂躁的，"树欲静而风不止"，何况他们本身就不想静下来！

2. 人际特征。

他们表面上很有魅力，内心却是极端的以自我为中心。他们认为自己是独一无二的，有着强烈的存在感和控制欲望。但是，在一般的人际交往中，别人难以发觉。实际上，他们只对极少数的人有建立情感的需要，这就导致这样的人更加危险。因为他们伪装得很好，更具有欺骗性。例如，美国电影《沉默的羔羊》中的心理医生汉尼拔（Hannibal）就是一个很典型的精神病态者。其实，这部电影正是改编自美国 FBI 破获的精神病态者的真实案件。汉尼拔的原型是特德·邦迪（Ted Bundy）。

现在，我们再来看看 2016 年我国警方侦破的一起重大案件（甘蒙 805 案），这个案件中的犯罪人是什么样的呢？

1988 年至 2002 年的 14 年间，在甘肃省白银市发生了一系列专门残害女性的案件。先是白银市区发生了九起，后来内蒙古自治区的包头市也发生了两起相似的案件，这些案件中共有 11 名女性惨遭杀害，其中绝大多数是二十多岁的女性。歹徒手段非常残忍、令人发指，被害人均遭到强暴、杀害，她们身上有多处刀伤，有的刀伤多达几十处。甚至，有的被害人的部分身体组织，如双手、皮肤等，竟然被犯罪人切割取走。

第一起案件发生在 1988 年。1988 年 5 月 26 日，白银公司 23 岁的女职工白某于家中被害，被害人上衣被推至双乳之上，下身赤裸，全身共有 26 处刀伤。

6 年之后，类似的案件再次发生。

在 1994 年 7 月 27 日的案件中，被害人年仅 19 岁，身上共有 36 处刀伤。

10 年之后的 1998 年，这一年之内，发生了四起类似的案件，最小被害人只有 8 岁。其中一位被害人背部的一块皮肤被精心地切割下来取走！

犯罪行为并没有就此停止，随后的案件发生在 2002 年，受害人是一位 25 岁的女性。虽然距离最初案发的时间有 14 年之久，但是罪犯的作案方式却是完全相同的。

从这些血腥的案件中,仿佛能够看到犯罪分子狰狞的面目。他精心选择了年轻的女性,伺机作案;他直接进入被害人的住处,进行强暴、虐待与杀害……

在这些案件中,被害者身上只有一两处致命伤,可是全身却有几十处刀伤!这实际上表达了犯罪人对女性的仇恨,这是一种宣泄!

上述系列案件的犯罪人高某勇于2016年8月26日被警方抓获。此时,距离他第一次作案已经过去了28年。

高某勇已经于2019年被处决。但周围认识他的人都不相信他就是那个血腥的犯罪人!因为他平常是很内向、沉默寡言的。

被抓获后,有记者问他:"二十多年来,你对自己的行为给被害人及家属造成的伤害与痛苦,有什么可说的?"

他表情漠然,没有说一句悔恨或道歉的话。他是假装的吗?不是,因为他有冷酷无情的人格特质,这正是他内心的真实写照。

审讯人员问他:"你为什么强奸杀人?"

他回答说:"过一段时间,不强奸杀个人心里就很不舒服!"

可见,冷酷无情正是精神病态的本质特征:在冷酷无情的性侵害中,除了性欲满足之外,还有重要的虐待动机,这从被害人身上的多处刀伤就可以看出来。

高某勇的行为涉及两种变态心理:人格障碍与性变态,它们是人格障碍中特殊类别的精神病态。同时,高某勇本人也是色情狂——性变态中的虐待狂。他的心理是两种典型变态心理的结合,他就是我们平常所说的色情杀人狂。

我们再来看一下 2020 年 7 月 5 日发生在杭州的杀妻碎尸案，犯罪人许某利是不是具有这种冷酷无情的特征？他预谋杀害了同眠共枕的妻子，并花上几个小时的时间分尸。同样，认识他的人都不相信他是这样冷酷残忍的人！

发生在美国的臭名昭著的邦迪奸杀案，与上面的两起案件也高度相似。

犯罪人邦迪外表英俊、谈吐不凡；他有幽默感、拥有心理学与法学两个学位。1974 年至 1989 年间，他奸杀了 36 位白人女性。对邦迪而言，他的高智商、潇洒的外表只是作恶的助力（邦迪是美国电影《沉默的羔羊》中主角的原型，他还参与了对美国臭名昭著的"绿河杀手"的心理分析）。卡辛斯基、高某勇、许某利、邦迪相似的心理与行为特征，是精神病态者内在的、固有的心理特质。

可见，反社会人格者是人类社会典型的破坏分子，是犯罪人群中典型的代表：他们有反社会认知、反社会情感、反社会的人际关系和反社会行为，与社会的基本规则格格不入，并我行我素；他们多数以犯罪方式谋求生存（表现为典型的犯罪人格）。而反社会人格的升级版本就是精神病态，以病态自恋、不择手段、冷酷无情（甚至施虐性）为基本特征。反社会人格者及精神病态者的犯罪行为可以看作是其消极心理能量的自然表达，是其内心负面能量宣泄而来的狂欢行为。而且，加之行为的伪装性与智能性，他们的犯罪行为多数得以较为成功地实施，危险性较高。他们才是少数的人干了多数的坏事！

强奸：
性欲的暴力表达

2013年5月8日晚上，海南省某小学六年级的六名女生都没有回家，好像集体失踪了。这引起了家长与老师的极度恐慌，他们赶紧组织人员四处寻找。

一天时间过去了，寻找孩子的事还是没有任何进展。直到第二天晚上11点钟，其中的一名女生给家里打电话，说她在海口的亲戚家。家长们火速赶到海口，根据这个女生提供的信息，又在一间出租房里找到了同去的另外三名女生。

这些女生说，其余的两名女生还留在当地。家长们又匆匆地赶回去，最后在一个度假山庄里找到了这两名女生。

这六名女生都找到了，但是，她们看上去迷迷糊糊的，都有些神情恍惚。而且，有的女孩的手、脖子这些部位还有明显的扭伤。经过医生的检查，发现六名女生下体都受到了不同程度的伤害。

情况严重，家长们立即报案。经查明，这六名女生是被另一所小学的校长陈某某和一个叫冯某某的人带去酒店开房了。

为什么一个小学校长会带着另一所小学的六名女生去酒店呢？

原来，这六名女生在同一所小学上学，其中的一人在 2013 年新学期转学到了陈某某所在的小学。因为她的一次逃学问题，在接受批评教育时认识了学校的陈某某校长。后来陈某某就经常主动联系她，让她给自己介绍女朋友！

让一个十二三岁的女学生给一个小学的校长介绍女朋友？是的，光是听起来就让人惊讶不已！事实上，另外的五个女生也是通过那名女同学与陈校长联系上的。

出事的那天，陈校长约好晚上带这些女生到外面去玩，这六个女生瞒着家长爽快地赴约。她们一起到了 KTV 唱歌，晚上 9 点多，其中的两名女生就被在当地房管局上班的冯某某带到度假山庄过夜了，另外的四名女生也被陈校长要求到酒店一起住。陈某某在酒店里开了两间房，他和其中的两名女生共处一室。期间，陈某某对女生有性行为的诱惑举动和威胁行为。

案件侦查终结后，两犯罪嫌疑人被提起公诉，经过法庭审理，陈某某被判处 13 年 6 个月有期徒刑，冯某某被判处 11 年 6 个月有期徒刑。

从犯罪现象来看，这是对 14 岁以下幼女的强奸犯罪，是加重情节的强奸犯罪行为。

除了外部犯罪行为，在犯罪心理上，这两个犯罪人还可能具有恋童癖、恋青少年癖的性变态倾向。

在人类的历史中，强奸是一直存在的罪恶现象。那么，为什么会存在强奸行为？

从人类进化的角度而言，比较有代表性的观点是达尔文（Darwin）提出的性选择假说：那些不能成功吸引性伴侣的男性倾向于实施强奸行为，以传递自己的 DNA，获得更多的后代。

从个体层面而言，对强奸犯罪心理的形成因素中研究最多的是生物因素，主要体现在三个突出的方面。

1. 性激素异常。

睾丸酮是雄性激素代表，睾丸酮与性攻击之间存在的相关性体现为两种极端的情形：一种情形是，睾丸酮分泌旺盛，性冲动很强，就有了强烈的强奸驱动力；另一种情形是，低睾丸酮分泌，这容易导致强烈的自卑感，从而容易引发病态的性侵害。

2. 脑神经活动异常。

强奸行为和大脑发育异常有关，尤其是与特定的神经递质异常有关。例如 5-羟色胺、去甲肾上腺素和多巴胺的过多或过少，都会直接导致神经兴奋的异常，这样可能导致冲动的性攻击行为。

3. 生物、化学物质的影响。

酒精、精神药物等特定的生化物质也会造成兴奋和抑制过程的混乱，大大降低自我的控制力，而导致纯粹的本能行为。这也是常见的强奸诱发因素。

从心理层面而言，强奸犯罪人最为典型的特点，是认知方面的犯罪合理化。也就是他们认为强奸得到的好处比坏处更多。

很多强奸犯罪人认为，强奸受到惩罚的风险要小于强奸带来的好处，这其中有很大的侥幸心理成分。

他们有一种自以为是的聪明，或者模仿犯罪，或者针对年幼女性下手（称为儿童强奸犯）。而实际上，大多数强奸犯罪人不是特别聪明。他们只是有自以为是的小聪明，所以，即使在罪犯人群中，强奸犯的"地位"也是最低的。

相应地，他们倾向于道德推脱，他们甚至会认为强奸行为是被引诱的，是女人行为的不检点导致的。实际上，这是强奸犯为自己开脱罪责！

在环境因素中，传统文化中的大男子主义、男权主义也会导致男性对女性潜在控制欲望的高涨。

现实中，强奸并不总是发生在陌生人之间，除此之外，还存在熟人强奸、婚内强奸等现象。其中，熟人之间实施强奸的，较有可能是犯罪人为了获得一种控制感、征服感；也有为了赢得自尊，或者体现男子气概而实施强奸的。

那么，到底是什么动机直接导致了强奸行为的发生呢？

毫无疑问，首先肯定是性欲动机！同时，也有以性欲为基础转换而来的其他动机。

1. 性欲动机。

犯罪人通过强迫、威胁或引诱的方式满足其性欲，性欲满足是犯罪行为的核心目标。这是性犯罪的主要动机，也是基本的强奸动机。其他犯罪动机或者是与性欲动机紧密结合，或是由性欲动机派生、转换而来。

2. 在非性欲的强奸动机中，攻击动机较为明显。

这些强奸犯被称为愤怒型强奸犯。这种强奸主要是为了表达愤怒和复仇，有对女性本人的愤怒，也有对女性相关人的愤怒。此时，性欲的满足处于次要地位。

例如，某人的女朋友被一位熟人强奸了，怒火中烧的男朋友并没有报案，而是找机会对熟人强奸犯的女朋友实施了强奸，这就是典型的"以血还血，以牙还牙"，属于原始形式的同态报复行径！

与我们多数人原有的印象可能不一样，非性欲动机的强奸犯罪在现实中并不少见。

3. 更恐怖的、变态的性侵害动机。

先看一个 40 多年前发生在美国的案件。

1974 年 1 月 15 日，美国堪萨斯州的一小镇上，警方接到了一个 15 岁男孩查理的报警电话。赶到现场时，见过许多惨案的警察们都忍不住倒吸一口凉气，因为犯罪现场非常惨烈：查理的父母及两个年幼的妹妹都被捆绑起来，早已气绝身亡。四名受害者生前均遭受到了不同程度的虐待，死因皆是机械性窒息，凶器就是家里百叶窗的拉绳。

查理最小的妹妹的死状最为恐怖，犯罪人将她单独带到地下室，把她半裸体地捆绑在水管上，接着用拉绳将她勒死。最后，犯罪人还对着受害者尸体进行了长时间的猥亵行为。

由于犯罪人在现场没有留下有价值的线索，甚至还伪装了现场，导致警方无法锁定嫌疑人。有人会说，不是有犯罪人留下的精斑吗？是的，但是当时并没有 DNA 技术，现场采集保存的精斑直到 2005 年采用 DNA 技术时才派上用场。

此后，类似的命案不断发生，作案过程如出一辙：凶手先是闯进被害者家里，切断电话线，等被害者回家时突然袭击对方，再用电话线将其手脚捆住（Bind），然后虐待（Torture），最终杀害（Kill）。这位不知名的连环杀手，被新闻媒体称为 BTK 杀人狂。犯罪人不断与警察周旋，每次犯案后都会故意留下一点点线索，仿佛在与警察玩猫捉老鼠的游戏。尽管如此，警察也一直没找到凶手。

直到 30 年后，2004 年 3 月，犯罪人主动寄信到一家地方电视台陈述案件细节，里面还有被害人的照片。这举动再一次刺激了警方的神经，警方再次抓紧调查。后来，警方在犯罪人陆陆续续寄出的一些物品中找到了更多线索。警方从一张光盘中追踪到此人工作的场所——一个教会，这才让 BTK 杀人狂最终现形。2005 年 2 月 25 日，近 60 岁的犯罪人终于被捕，由此长达 31 年的追捕行动画上句号。

这个杀人狂名叫丹尼斯·雷德，是一名普通的牧师。通过 DNA 技术也确认了他就是犯罪人。在法庭上，雷德平静地承认了自己 BTK 连环杀手的身份：他在 1974 年至 1991 年的 17 年间，用同一手段杀害了 10 人。最终，他被判处 10 种有期徒刑，合计 175 年有期徒刑。

这个杀手在牧师的外表下隐藏着邪恶的灵魂。那么，这个邪恶的虐待杀人狂是如何"造就"的呢？

雷德是家中最小的儿子，但他并没有获得父母太多的关爱。

父亲迫于家庭压力每天忙于工作，母亲似乎早已厌倦了家庭主妇这一角色，除了看电视就是沉迷于各种八卦杂志。在雷德看来，只有他犯错误时才能感受到父母的关注——责骂。然而父母并不知道，雷德幼小的心理已经开始出现大的问题。

具体是什么样的问题呢？

雷德从小就喜欢阅读侦探小说，但他崇拜的并不是正义、睿智的侦探，而是各种邪恶、残忍的罪犯，他整天幻想着自己成为凶手的样子。这种以"犯罪者自居"的表现，就是第一个危险信号。

他对捆绑行为也有异常的迷恋，他会在自家农场偷偷将自己捆起来，自我欣赏，甚至把小动物捆绑起来，最后再把动物杀死。这是第二个危险信号——"虐待动物"。当被母亲发现时，他并没有感到恐惧或是内疚，反而在母亲责骂他时充满了兴奋和愉悦。

其间，还有一个诡异的细节。一天，他母亲的手卡在了沙发里，叫小雷德赶紧来帮忙，看到惊慌失措的母亲，雷德居然兴奋极了，他感受到了一种前所未有的性快感。母亲当时惊恐的表情深深地烙在了他的记忆里。这是第三个危险信号——"恐惧与性快感之间形成了条件反射"。直到成年后，雷德也还会在家中偷偷模仿母亲受到惊吓的样子。这种不停的模仿又大大地强化了他的性快感体验。也就是说，每当遇到恐惧，或者追求恐惧时，他就会产生强烈的、变态的性快感。

自从这次怪异的经历之后，雷德就经常跑去偷窥邻居家的女性，甚至潜入她们家中偷走内衣，私下里他会穿上这些偷来的内衣，同时幻想这些女性被捆绑着、呼喊的样子。就好像是有一个"未知的恶魔"在召唤着他！这是第四个危险信号——"严重的品行障碍出现"。他知道这个"恶魔"迟早会领着自己走上犯罪道路，他的内心仿佛也期盼着这个黑暗时刻的到来。

然而，家里人并没有太多关注这个孩子扭曲的内心世界。在外人看来，雷德就是一个乖巧的孩子：高中毕业后他在空军基地服役，退伍归来在一家超市工作，后来还在当地谋得了一个牧师的职位。他结婚后还有了两个可爱的女儿。对于工作他细心负责，对于家庭他尽心尽力，这样的生活看似平静了许多。然而，这样平静的生活并没有压制住他内心黑暗的冲动，他反而更加渴望那种内心的刺激。终于，1974年1月15日，28岁的他如愿以偿地将灵魂出卖给了一个"未知的恶魔"。

在这一过程中，危险的信号有哪些？以犯罪者自居、虐待动物、恐惧和性快感之间的条件反射，以及越来越严重的品行障碍。它们一步一步升级，最后从内心的邪恶冲动，到现实的恶魔出现。

在这个案件中，捆绑、虐待、杀死（Bind-Torture-Kill）是固定的犯罪模式。其中，虐待能够带来强烈的性兴奋与心理满足感；虐待心理是犯罪行为中最为关键的心理欲望，表明这个犯罪人是施虐狂方面的性变态者，是性表达、性满足方面的变态者。

这就是基于虐待动机的性侵害，是一种病理性动机导致的侵害行为。

这是性本能与攻击本能的结合与融合：在性行为中伴随攻击的兴奋感，在攻击行为中体会到性本能的快感。

这种现象就好像本来两条平行的电路线，突然间并联在一起了，一条通电，另一条也有电了：攻击本能也就激活了性本能，反过来也一样，两种本能相互联通，相互强化。

我们对强奸犯罪人都很愤恨，那么，针对强奸犯罪，要怎样打击、矫治和预防呢？

首先是惩罚措施，以严刑峻法，破奸轨之胆！

在严厉的监禁刑惩罚之外，还可以以特定标志，警示这些人的危险性，如对性犯罪的累犯进行电子标识跟踪。我国的上海、深圳、成都等地已经有类似的做法。

其次是在矫治方面，对他们开展认知行为训练：错误观念改变与行为训练同步进行。

矫治的核心是社交技能训练,也就是让他们掌握获得正常亲密关系的技能,而不是强迫性地满足自己原始本能的性需要。

此外,还有争议性很大的化学阉割,即对性累犯,尤其是对性侵害幼女的罪犯,用雌性激素(黄体酮 LH)/ 抗雄性激素疗法(醋酸甲羟孕酮 CPA),来降低其性冲动的生物能量。例如,美国约翰斯·霍普金斯(Johns Hopkins)大学 2018 年的一项追踪研究表明:以化学阉割的 629 例性罪犯为样本,发现其重新犯罪率下降至 8% 左右,好像还是很有效的。但这种方法目前还存在一些法律和伦理上的争议。

在强奸犯罪的预防方面,可以考虑建立本地区性犯罪高危人群的数据库,以此来加强监管与预警,提升紧迫处置的有效性。

另外,社会公众更要加强自我保护意识,有必要的,也可采取一些具体的防范措施。比如,父母从小就要帮助孩子建立起防范意识:儿童不能与陌生人单独在一起;不能让他人随意接触自己的身体,即使是熟悉的人也不行,无论是异性或同性的他人;切忌到陌生的地点见陌生人;有同伴在场的地方更为安全;在特定场所衣着言行得体很重要;遇有危险及时脱离,并立即求救;等等。

孩子进入青春期后,父母要有意识地引导孩子学习科学的性知识,培养孩子树立正确的性意识、性观念及交友方式。发现孩子的性观念、性意识有悖于道德、伦理规范时,父母与孩子都要勇敢地面对,这才是解决性心理困惑、性意识障碍的正确开端:既不成为性施害者,也不成为性受害者。

恋童癖犯罪者：
性欲倒错的恶魔

每当我们听到性侵儿童案件时，都会无比地愤恨。

实质上，性侵儿童就是恋童癖的犯罪。

那么，什么是恋童癖呢？

恋童癖也称"恋童色情狂"，是一种以儿童为性满足对象的性变态。

具体来说，恋童癖是行为人对儿童产生持续性的、强烈的性幻想、性冲动、性行为。临床心理学认为，这是一种终身性的精神障碍。中国学者称之为性偏好障碍（CCMD-3）；美国学者称之为性欲倒错障碍（DSM-5）。恋童癖大致可以区分为异性恋童癖和同性恋童癖，此外还有乱伦恋童癖。例如，2008年媒体披露的发生在奥地利的令人发指的案件：一个禽兽不如的父亲，将自己的亲生女儿作为性奴，囚禁于地下室里长达24年之久，期间还生下7个孩子。在实际案件中，受害儿童与性侵害者之间多数是熟人或者亲属关系。

广义上的恋童癖还包括恋青少年癖（ephebephilia），也就是对12～18岁青少年的性偏好行为。根据联合国《儿童权利公约》的规定，儿童泛指18岁以下的个体，因而，恋青少年癖也可以看作是恋童癖的同质延伸。

先来看看下面这个案例。

2020年5月的某一天，12名男性青少年在网上公开举报了他们曾经的中学班主任梁某，举报称这个梁某多年来对他们有性侵行为。梁某随后被警方逮捕，经查明，梁某利用教师身份，在十多年的教学工作中对十多名男学生实施猥亵。

梁某是某重点高中的化学教师，曾经多次获得全国性的、省级的荣誉称号，还经常被邀请到各地演讲，在许多中学生眼中他具有较高的影响力。同时他还是这个学校心理辅导中心的负责人，负责全校学生的心理辅导工作。

就是这么一个心理辅导员，以心理辅导为由，在心理辅导室对男学生采取抚摸身体等方式实施猥亵，甚至还强制和男学生发生性行为。除此之外，他还利用到外地演讲的机会，以叙旧为由，邀请在当地上大学的、曾经的男学生吃夜宵叙旧，之后以学生半夜回校不便为由，继续让学生到他的酒店房间过夜。梁某在男学生入睡之后对男学生实施猥亵。

显然，梁某的这种行为是犯罪行为，也是一种变态心理引导下的变态行为。

事实上，梁某已经结婚多年，并生有一个孩子。但是，他的犯罪对象全部是男学生。可见，他实质上是一个顽固的、同性恋青少年癖患者。他的性变态偏好对象是男性青少年，男学生是他主要的性满足对象，他的婚姻更像是掩人耳目的一种手段。

在这类案件中，几乎所有受害者在遭遇猥亵之后都选择了沉默，正如这起案件中众多被害的男学生一样，他们直至很多年之后才鼓起勇气,联合实名举报他。这些被害人较可能出现慢性的应激创伤反应,进而影响到身心健康,甚至会对亲密情感关系产生恐惧,进而长久地影响到他们的生活境遇。

临床实践发现,大部分恋童癖患者都是男性,也有小部分的女性患者。

在人格特征方面,这些恋童癖犯罪人常常具有以下特征:

- 强迫性人格,内向、自卑,多是孱弱幼稚个体;
- 缺乏自信,和成人交往有困难;
- 平常多有抑郁和焦虑情绪;
- 伴随有反社会型人格障碍与物质滥用,这也被称为共病倾向。

为什么会产生恋童癖这种特殊的心理呢?

实际上,恋童癖是生理、心理、社会因素共同造成的。

第一,生物因素。有一项关于双生子的研究表明,同卵双生子之间有52%的共病倾向,而异卵双生子只有22%的共病倾向。因为同卵双生子遗传基因(理论上)100%相同,异卵双生子有类似于兄弟姐妹之间的基因相似度,因此,遗传及神经系统对恋童癖的发生具有强大的制约作用。

研究还发现,胎儿神经系统发育紊乱与恋童癖的发生有关,其中一个重要指标是调节人的兴奋性水平的神经介质五羟色胺明显减少,它会导致身体兴奋性的异常。

第二,早期心理创伤的影响。例如,他们儿童时期或者青春期遭受了性虐待、双亲的忽视,或者经历了严重的性创伤事件,留下了与性相关的心理创伤。

第三，现实的情感创伤。例如亲密关系的丧失，导致行为人内心的自卑和孤僻的性格。有研究发现，恋童癖者由于各种原因难于和成年女性发生正常的性关系，患者生理上较有可能伴随阳痿、性功能障碍。许多恋童癖者是已经结婚的男性，尽管他们通常不认为自己是同性恋，但是他们侵害的对象通常都是男孩。

恋童癖犯罪是儿童性侵害的典型代表，恋童癖行为本身就是犯罪行为。

恋童癖实施侵害的主要形式是猥亵和强奸。而且，因为存在着生物驱力，导致其重新犯罪率很高。

儿童性侵害犯罪人可分布在所有的社会阶层、成年之后的各年龄阶段和各种职业中。在西方国家的恋童癖患者中，很多人从事教师、牧师、教练、缓刑监督官等能接近孩子的职业；绝大多数受害者与性侵害者之间是熟人甚至家人关系。

在临床上，恋童癖可以简单地分为情境诱发型和个体偏好型。情境诱发型恋童癖者有正常的性经历与性取向，主要兴趣在成人，但是在性压力与性情境的诱发下，也会冲动地对儿童或早期青少年作出性侵害行为，他们通常在事后感到懊悔。如果及时进行惩罚与矫正，其预后较好。个体偏好型恋童癖者对儿童（通常是男孩）有明显的性偏好，恋童行为能给其带来极大的性快感。如果他们有婚姻或女性伴侣，更可能是为了掩人耳目。

在学理上，恋童癖可以区分为四种典型的类型，其动力与行为方式各不相同。

幼稚型恋童癖：患者本身没有发展起正常的成人性心理；儿童是其性及社交方面的伴侣，对儿童有长期而唯一的偏好；被害者多为男童。

退化型恋童癖： 患者曾有正常的青春期与同伴关系，并且有异性恋经历，在遭受情感打击后，男性气概不足，有严重的自我怀疑心态；在实施犯罪行为后可能产生懊悔之心；被害者多为陌生女童。

剥削型恋童癖： 犯罪人出于安全便利考虑实施性侵害。比如前面提及的某小学校长带六名小学女学生开房事件，两名犯罪人就属于此类型；侵害儿童的主要动机是性欲满足；更多指向（陌生的或熟悉的）女童；他们可能是持续的儿童强奸犯；较可能使用诡计，有明显的身体暴力与威胁行为。这类恋童癖被称为"儿童强奸犯"，他们与普通的强奸犯很类似，只是侵害对象特殊，而且侵害手段更为隐蔽、恶劣。

虐待型恋童癖： 此为性本能与攻击本能相结合的产物；患者的恋童倾向偏好于同性儿童或异性儿童；犯罪手段较残忍，有虐待性；常用的方式是诱拐与谋杀。

2013年，韩国电影《素媛》引起了极大的轰动。这部电影是根据一个真实的案件改编的，讲述了一名女童的悲惨命运。

这个案件发生在2008年，50多岁的犯罪人赵某某绑架并残暴地强奸了一名8岁的女童，导致这名女童留下了严重的身体残疾和心灵创伤。在当年的审判中，法官以犯罪人"年龄大而且是酒后精神不稳定"为由，仅仅判处赵某某12年有期徒刑。这个犯罪人已经于2020年12月13日刑满释放。

这是一起典型的性侵害儿童的案件。这种残忍的犯罪行为引起当地民众对这个犯罪人极大的愤慨和恐惧。那么，民众的担心是不是过度反应呢？到底又是什么邪恶的力量导致了犯罪人的残暴行为？

实际上，民众的担心并不是多余的，因为这类犯罪人的重新犯罪率确实较高，是一类高风险的犯罪人。正如这个犯罪人赵某某在监狱中所说的："你以为我能在这待多久？总有一天我会出去的。"这是什么意思？挑衅的意味非常明确，他再次犯罪的风险非常高！更有专业人士认为，其重新犯罪的风险指数可达80%以上。

恋童癖是一种心理疾病，也是性变态的表达，迫切需要及时实施针对性的生物或者心理治疗。

虽然目前对恋童癖行为的干预效果不太理想，但是，有干预总比没有干预要好一些。例如，一些国家在司法实践中对恋童癖患者实施的专项网络打击计划、强制性的"物理去势"项目（核心是化学阉割）、认知—行为矫正计划、电击疗法、精神药物及精神外科等措施都具有一定的矫正、预防效果，但目前都是探索性的做法。

怪癖的犯罪人：
成瘾的魔鬼

俗话说，"林子大了，什么鸟都有"。在人类的世界里，也同样是光怪陆离，存在着各种各样的怪人！

所谓怪人，不仅是外部行为怪诞，他们的内心世界也是千奇百怪的。学理上将其称为人格障碍者。

通俗地说，人格障碍就是指心理严重偏离正常的状态。

一般而言，人格障碍可以细分为三大类型。

第一类，不稳定型人格障碍。包括反社会型、偏执型、边缘型，他们的心理与平常人的心理完全不一样，我们很难预测他们的下一步行为。

第二类，退缩型人格障碍。如自恋、孤芳自赏，以自己为中心，这种人多数情况下不会与他人发生冲突，因为他们主要关注自己幻想出来的世界；只有当退缩型人格障碍和反社会型人格障碍结合时才会对他人构成危险。例如，病态的自恋。

第三类，怪癖型人格障碍。何为怪癖？就是怪诞的癖好，是某个人对某种东西或行为的喜欢达到了偏执而习惯化程度的偏好。

怪癖的内容是各不相同的，但是这一类人的共同特点就是存在一种顽固的、以内心体验为目的的怪癖行为。常见的怪癖有偷窃癖、谎言癖、怪恋癖和赌博癖。

偷窃癖

我们先来看一个怪癖引发的案例。

某高校的一名理工科男生，向来性格内向、孤僻，没有亲密的人际关系，没有朋友，更是从来没有谈过女朋友。

有一次，在阶梯教室上课时，前排女生飘逸的长发无意中搭在了他的笔记本上，触到了他的指尖，他突然感觉像触电了一样，顿时既紧张又兴奋，有一种按捺不住的激动。有了这一次特殊的、强烈的体验后，他每次上课都有意地到留有长头发的女生后面的位置就座，上课时的心思也全都在女生的头发上了，还不时地幻想着女同学的言行反应。终于有一次，他用事先准备好的小剪刀，趁旁人不注意时，剪下了前排一名女生的一小缕头发，紧紧握在手心里带走了。

大家可能会问，这缕头发又有什么用？对这名男生来说，意义可大了：他在夜深人静或独自一人时，会仔细触摸和欣赏这一缕头发。这时候他既害怕又兴奋不已。经过一段时间，这名男生的学业也落下了。他的理性告诉自己，这是不正常的！经过一段时间激烈的心理挣扎之后，他来到学校的心理咨询中心找心理辅导员，让辅导员"救救他"。他说自己已经收集了十几缕女生的头发，而且好像还停不下来。他把收集到的头发打理得很好，都装在一个精美的小礼盒中。当夜深人静、寂寞无聊时，他会小心翼翼地拿出来欣赏，就像欣赏战利品一样。他自己知道不应该这样做，但就是控制不住自己。可以看出，他的内心有严重的心理冲突，他希望能够回到正常的生活状态。

这是什么情况呢？这就是恋物偷窃癖的表现。偷窃行为和性变态行为紧密地联系在一起，是对和异性身体相联系的非生命物体的迷恋，是象征地表达对异性身体的关注与幻想：女生的头发成了他性幻想和性满足的对象。

精神分析理论认为，人现实中的焦虑与恐惧是人的心理世界中本我与超我冲突的体现！

也就是说，原始的性欲本能和道德感之间有尖锐冲突，它和道德品质的好坏没有必然的关系。

干预、治疗恋物癖的关键在于让患者学会建立正常的处理异性人际关系的社交技能。

这是特殊的偷窃癖。而一般的偷窃癖只是偷窃成瘾，偷窃行为不以获取经济利益为目的，而是在一种强烈的偷窃冲动驱使下，从偷窃过程中获得某种特殊快感的变态心理。

偷窃癖患者在行窃方式上有许多怪异的特点：有的在行窃之后又将东西送还原主，下次再偷；有的偷了张三的东西转送给李四；有的则将偷来的东西扔掉或者储藏，供以后欣赏；甚至有些人到朋友家做客，也可能随手带走东西。例如，出门时把朋友家的钥匙带走了，过了一天之后打电话问朋友："是不是你家的钥匙不见了？告诉你吧，在我这里。我不小心拿错了，你来取回吧，小心，下次还有可能拿错的！"等等之类的。这时，他的心里是美滋滋的。这种情况和一般的恶作剧还不一样，它是一种癖好。

多数情况下，这种强烈的冲动会不断地升级：作为对自己能力的一种挑战，偷窃的目标会越来越有难度，以证明自己很有高强的本事。这种人往往会成为盗窃惯犯！

可以看出，一般的偷窃癖注重偷窃过程中的体验，而恋物的偷窃癖关注的则是和异性身体有密切关系的非生命物体。

恋物癖大多只会涉及一般性违法犯罪行为，但是，如果没有得到惩罚或正向的引导，也可能升级为暴力的性犯罪。以下一起案件就是恋物癖导致的暴力性犯罪。

高跟鞋的诱惑

有一个5岁的小男孩，一直和单亲妈妈生活在一起，没有小朋友，也没有玩具作伴，很是孤独无聊。有一天，这个小男孩在家门口的垃圾桶旁发现了一双红色的高跟鞋，高跟鞋很精致、很鲜亮，小男孩就把它们带回到家当玩具玩。妈妈发现后很生气，就把高跟鞋扔掉了。小男孩并不明白妈妈为什么要扔掉这个玩具，过后又偷偷地捡回来玩。妈妈大怒，还责骂了他。这反而激起了这小男孩强烈的好奇心。之后，这个小男孩就开始特别关注女人的鞋子，从他妈妈穿的，到外面女生穿的。直到13岁的某一天，他向一个小女孩索要鞋子，女孩听到后吓得逃走了，他第一次从女孩的惊恐表现中感觉到特别的兴奋感。17岁时，他就开始在偏僻的小路上袭击女孩子，抢走高跟鞋——其他东西不要。一开始，他还有些害怕，后来发现这也没事，于是这样的行为就越来越多了。他结婚后，一度还算正常，后来，他就要求他的妻子一丝不挂地穿着高跟鞋在他面前走来走去，并拍下裸体的照片。这样没有多久，他俩就分居了，他一个人到地下室独自生活了。而这种欲望却一直在滋生暗长，仿佛一个魔鬼在召唤他。后来，他很快就发展到袭击、绑架年轻女性，强迫她们赤身裸体仅仅穿着高跟鞋拍照录像,然后杀害她们。最后被抓获时,他独自生活的地下室里挂满了穿着高跟鞋的女性裸体照片。

这就是恋物癖导致的暴力性犯罪行为。他们的行为后果往往很严重,这类疾病也很难矫治。

这些人只对女性贴身使用过的物品感兴趣。这种人并不看重物品的价值,只要女生用过,尤其是贴身用过的,就有很大的吸引力。这说明什么?这说明他们把自己压抑的性欲、爱欲投射到那些没有生命的物品上了。

恋物癖引发的暴力行为当然是犯罪。恋物癖不是刑事免责的正当理由,但是它也有病理冲动的成分。在施加惩罚的同时,也需要进行专业治疗。如系统的认知行为疗法就有一定的矫治效果,虽然干预的效果并不稳定,但总比坐视不理要好。

谎言癖

谎言癖主要表现为行为人说谎成习惯,说谎成为一种自动带来内心欣喜的爱好。即使在没有必要说谎的情况下,他也会自动地说谎。例如,在路上有人问路时,他会故意指错方向。他会心中得意:"他又上当了!"但他在外表上一点也不会露出声色痕迹,只是内心窃喜!

谎言癖的基本特点是行为人说谎不以骗取钱财为主要目的,而是以谎言来获取个人变态的心理满足。他们常常以虚构自己的出身和经历为主要内容,但这和诈骗犯罪又有本质的不同,也不至于发展到具有严重后果的犯罪。熟悉他的人都知道,此人有怪癖,人品有问题,很不诚实,油腔滑调的,一点也不可信任。

怪恋癖

这是一种在性爱问题上的人格障碍，多见于男性。它的基本特点表现为专门选择某种特殊的恋爱对象（如有夫之妇、卖淫女等），以满足其特殊的变态心理。他们和这些女性交往后，要求对方对自己要绝对忠贞。还有的人专门挑选行为轻佻、放荡的女性作为"恋爱"对象，以便从女方的放荡行为中激起自己强烈的嫉妒感与占有欲。对方的行为越是放荡，越能激起自己的嫉妒心理，他们投入的热情也就越高，以满足变态的心理需要。这种怪恋癖者通常会引起人际情感冲突、家庭纠纷，也可能引起情杀等犯罪行为。

如果患者是女性，就是典型的轻佻型人格障碍者。其主要特点是举止轻浮、行为失当，虚荣心非常强，不顾及道德感。甚至他人越是贬低、指责她，她越是兴奋，越觉得自己很有身价，越觉得自己有本事、有魅力能破坏别人的亲密情感关系。她们常常以编造谎言、诱人上当或者破坏他人家庭为乐趣。当这个目的达到时，自己便很快地退出战场，不再有一点留恋之情。这类人格障碍者常常会参与诈骗、卖淫等违法犯罪活动。

怪恋癖也称为性爱成瘾症，是一种人格成瘾与行为成瘾，难以矫正。行为人自己完全知道自己行为的错误，但就有一股强烈的冲动驱使自己这样做。理性上是痛苦的，但是好像能够带来一种自虐的快感，不能自持，自己是难以从泥潭中跳出来的。

精神分析理论认为，这是对患者自己曾经过错的惩罚。他们表面上可能有体面的工作与社会地位，却过着一种放荡的生活，潜意识中通过做坏事来惩罚自己，好像在赎罪一样，也就是所谓的"自罪动机"。换言之，这是由一种强烈的赎罪潜意识动机引起的行为。

赌博癖

赌博癖是行为人赌博成瘾、嗜赌如命的变态心理。此类患者中男性居多，他们可以一天不吃饭，但很难做到一天不赌博。有此癖好的人，对人基本冷漠无情，对工作敷衍了事，甚至没有心思工作，更没有对社会、对家人的基本责任心。他们对各种正常的文娱活动都不感兴趣，觉得只有赌博才是他们生活的中心和目的。他们无视舆论的谴责和法律的制裁，今天可以说坚决改正，明天还是坚决上赌场。还有，他们一般都很迷信，他们会迷信地认为：今天输了明天就会赢，今天小赢了，更应该抓住好运气！对这种人而言，赌博是生活的全部，甚至是生命的全部，其结果往往是倾家荡产，甚至妻离子散、家破人亡。

患有上面这些怪癖的人的想法与行为太怪了。那么，为什么会这样？背后的成因是什么？

对此，美国华盛顿大学的临床医生克洛宁格，以气质和性格的联合作用进行了解释。

首先，这些人的神经系统中，有追求刺激的倾向。对他们而言，新奇事物的诱惑力大，如青少年的吸烟喝酒甚至吸毒，以及追求刺激的冒险行为，就与神经系统的这种特别追求刺激的倾向有关。

更为关键的是他们的大脑回路中有一种强烈的自我奖赏机制：他们倾向于追求这种欣快感。这类似于多巴胺、内啡肽产生的主观欣快感，也像兴奋剂、催化剂一般强烈地驱使着主体作出某些行为。他们做这些事时，往往是很有激情的样子，但是在正常的工作生活中，却没有一点毅力。

这些气质方面的特征，和神经系统、内分泌系统的机理相联系，同时，后天形成的行为习惯也左右着他们的生活方式。例如，他们合作的意向低，更喜欢单独一人的生活状态。

还有，他们只关注自己，对他人兴趣不大。而且，他们还有明显的及时快乐倾向。精神分析的观点称之为本我的驱动。他们奉行的人生信条是："今朝有酒今朝醉，明天愁来明日愁！"

也可以说，这些人更容易形成怪癖，是因为他们的神经系统中有着一种追求刺激的天然倾向，有一种大脑内自我奖赏的强烈机制。也就是说，这些人天生地更具有怪癖成瘾的易感性，同时，其后天的生活习惯及"小圈子"环境又强化了这种不良的偏好与行为模式。

虽然这些人的行为与内心世界怪诞无比，但却是真实的存在。

这种行为是消极行为模式，甚至是违法犯罪行为的体现，是需要矫正、预防的方面。

纵火犯罪人：
内心欲望的纵情释放

二十多年前的一个夏夜，北京发生了一起震惊国人的蓝极速网吧纵火案。

2002年6月14日的晚上，两个少年在蓝极速网吧里玩游戏。正玩儿得兴致勃勃时，没有了游戏币，游戏暂停了。他们就向旁边的人要钱，别人也正忙着通关，而且他们相互之间不认识，旁边的人不想给钱。因此，双方发生了一些言语冲突。这时，网吧管理人员就强行把这两个少年赶出了网吧，理由是"未成年人不得入内"！

充满怒火的两个少年并没有直接回家，而是来到了经常和他们一起玩儿的一个17岁的姐姐的住处，还叫来了另一同伴，愤愤不平地诉说了刚刚遇到的这件恼火事。其中一人随意地回答道："你有本事就把它烧了！""烧网吧？"其中一位受气的少年听后大声地回应说："好！那就烧了它！""我玩儿不成，你们也别想玩儿！"当时，那位姐姐"以为他是说着玩儿的"，没有想到，这个少年心中一个险恶的计划正在酝酿着。

转眼到了第二天，晚上7点左右，他们和往常一样去网吧上网，那位姐姐给了他们5块钱，她去了自己常去的另一个相邻的网吧上网。

出门时,其中的一个少年随手带上了放在桌上的一个空饮料瓶。他们在街上闲逛了一阵后,到了附近的加油站,以给摩托车加油的名义,用那个姐姐给的5块钱买了1.8升汽油装在饮料瓶里。

凌晨2:40左右,两个少年来到了蓝极速网吧门口,他们在QQ上给那位姐姐留言:"姐,我们去烧网吧了,等我们吧。"正在另一网吧玩游戏的姐姐简单地回了一句:"小心点!"

蓝极速网吧在二楼,他们就在楼梯的地毯上,倒退着洒上汽油,用一团卫生纸点燃后,迅速离开。

火焰沿着地毯和楼梯直接烧到了二楼。由于网吧是未经审批私自开业的,二百多平方米的房屋内有80多台电脑,这些电脑放置在大厅和五个隔断的小房间里,包括电脑、电线在内的易燃材料快速形成巨大的火苗,并释放出大量有毒气体。玩儿得正酣的玩家们发现火情后,在惊恐中跑到下楼的通道口,但是,楼梯上已是熊熊大火,他们又转身奔向天台与窗户,然而,为了防盗,老板早已把窗户用铁条封死了。虽然赶来的消防员与群众奋力抢救,也没能够救出全部的人。结果导致25个年轻人被活活烧死,还有12人被严重烧伤!

涉案的四人都是未成年人,年龄在13～17岁之间。他们都有相似的家庭教育问题——家庭破裂,家里人有吸毒的,还有犯罪的。这些孩子基本上无人管教,早早地离开了学校,一直在社会上游荡,成天就在网吧里混日子,他们都对社会有深深的怨气与不满。

在现实中，我们会更多地关注这些少年违法犯罪的行为本身，却往往忽视这些问题少年其实也是失败的家庭教育的牺牲品，从另一个角度而言，他们也是受害者！

在法庭审理时，法官要求四个少年向受害人家属道歉，但他们却反应平淡。最后，其中两人被判处无期徒刑，一人被判处12年有期徒刑，另一人因为只有13岁被处以劳动教养。

纵火犯罪，是一种故意放火焚烧公私财物，危害公共安全的行为。一般来说，纵火行为大多发生在后半夜，因为这段时间里行为相对隐蔽，火情难以被及时发现。

那么，什么样的人喜欢放火？

1. 内心压抑的人。

他们或者因为家庭环境感到压抑（如父母分居、离异，不当的教育方式等），或者是在工作和生活中遭遇了挫折，以放火来释放压力和愤恨！

2. 愤世嫉俗的人。

他们内心往往充满了对社会的对抗情绪，他们采取纵火这种有较大的破坏性又相对隐蔽的方式来实施报复。

3. 偏执的人。

他们在认知方式上，普遍地存在偏执的观念与行为，纵火行为成为他们解决心理压力的优选方案，也就是采取直接而原始的办法解决问题。

那么，导致纵火犯罪的直接动机主要有哪些？我们可以看看下面的例子。

大家可能记得，2014年7月5日，杭州发生了公交车纵火案。

犯罪人是在义乌打工的包某某，在长期经济负债与长年疾病缠身的双重打击下，他产生了对社会的不满，他想纵火自杀，并报复社会。于是，他携带煤油来到杭州，在公交车上纵火，结果导致32人受伤。

还有2017年的杭州保姆纵火案。保姆在雇主家的待遇还是不错的，月薪7500元，出入有车接送，雇主还曾经借给她10万元还债。后来她因为赌博欠钱，又向雇主家借钱，雇主一时没有答应她，她就顿生仇恨之心，实施报复。在凌晨一把火烧死了一家四口（三个小孩与孩子的妈妈）。这种人认为，别人对她的好是理所当然的，一旦别人不能满足她，她就立刻爆发出恶意。这种人不懂感恩，反而恩将仇报。

上述三起纵火案件中，犯罪人的动机是什么？是报复。

他们的行为是典型的挫折—愤怒—攻击的行为模式；犯罪过程都伴随着强烈的情绪宣泄。在纵火动机中，报复动机是最为常见的、显性的犯罪动机。其中有以人为纵火目标的，也有以财物为泄愤对象的。

除了报复动机，还有财产动机。比如，为骗取保险金、销毁财务账目而纵火；为打击竞争对手而纵火；受人雇用而纵火。

这些人都是为钱财而纵火！

现实中，还有一类纵火动机非常特别，这就是快乐动机。

我们先来看一个典型的案例。

2003年2月至5月的三个多月内，武汉市汉正街这条繁华的商业街道上发生了13起火灾，导致一人死亡，多人受伤，还有大量的财产损失。火灾这么频繁地发生在一地，很不正常。

侦查人员在回看现场录像时,觉得一个人的身影有点熟悉,经过回忆比对才发现,原来此人因为多次积极参与救火行动,获得过"救火英雄"的荣誉称号,他们在表彰大会上见过。

这人就是33岁的吴某某。

经调查,吴某某早在1996年就因为数次故意放火被判处8年有期徒刑,6年后的2002年10月,被提前释放。也就是说,他刚刚从监狱释放出来不久,当地的火灾就频频发生了,而且,此人又出现在火灾现场,难免有重大的作案嫌疑。

在大量的证据面前,吴某某承认了13起火灾中有11起是他放的。

"你为什么放火?"

面对侦查人员的讯问,吴某某呆呆地答道:"不为什么事。"

"有没有想到后果?""没有。"吴某某回答得也很干脆。

吴某某本来就很内向,少言寡语的。但是,每当审讯人员提到放火的情形和细节时,他就表现出一种难以控制的兴奋!

后来,吴某某自己说,他"觉得放火很好玩,看到有人救火,觉得很刺激"。

这种人是纵火狂,他的纵火行为是纵火癖的表现。纵火癖是一种特殊的怪癖型人格障碍。主要表现为:为释放紧张,获得快乐而纵火;为寻求关注而纵火,这种人一般会选择标志建筑物为纵火对象;也有单纯的恶作剧纵火。

纵火狂的行为是一种典型的、极端的病态性纵火,是行为人在一种难以抗拒或者强烈的情绪冲动中,伴随着强烈欲望表达的纵火行为。火焰让他们感觉到无比强烈的兴奋。对纵火癖患者而言,这能够带来一种特殊的心理满足感。

精神分析理论认为,纵火狂的纵火行为是以火焰代表其性本能的力量的释放,在纵火期间,行为人仿佛体验到一种强烈的"性快感"。

纵火人往往能从火焰的颜色、温度及周围人的紧张、危险状态中感受到内心的愉悦,这是一种由原始的性本能转换而来的兴奋与乐趣。因此,这种人也被称为"色情纵火狂"。

相应地,此种纵火行为有类似性本能的周期性、冲动性的特征。

有些时候,纵火犯罪是为了掩盖其他违法犯罪行为,或者说是"为了安全而纵火"。

比如,为了破坏犯罪现场或证据线索,或者转移视线而放火,这也称为"隐匿犯罪的纵火"。

比如,1933年德国国会纵火事件是什么动机?这是个政治阴谋,纳粹组织借机解散德国共产党。这就是一个政治阴谋,是出于政治动机的纵火。

另外,行为人还可能因为毒瘾发作,在幻觉或者妄想作用下,发生纵火行为。

我们经常说:"物有其本,事有其源。"每个事件的发生都有背后的起因。

纵火狂的犯罪,看似怪诞,难以理解,其实它是由心理障碍引起的,是病理性的冲动行为,是一种性情被压抑后性本能的象征性表达。这种纵火者既是犯罪者,也是心理病人。

测谎技术：
千谎百计现原形

大家可能看过美国电视剧《千谎百计》(*Lie to Me*)，其中被夸张性展现的神秘的技术就是生理心理测试技术——测谎术！

在自然界中，动物的欺骗是常见的生存策略：有的是为了防卫而欺骗对手，也有的是为了获得更多的资源而采取欺骗手段。

实际上，在人类的各种活动中，谎言也是很常见的。有些时候，人们在交往中会自觉或者不自觉地说一些谎话，这并不一定都是恶意的行为，其中也有善意的表达。

如今在打击犯罪的活动中，广泛应用的测谎技术就是一种揭露谎言的技术。

很久以前，人们就一直努力通过各种手段、方法来发现、揭露谎言。

在宗教色彩很浓的时代，人们很相信神灵，为了揭露谎言，人们使用的测谎方法是神裁法。例如，水试法（把人的手脚捆绑起来扔到水里，淹死的就是坏人，没有淹死的就是诚实的人），火试法（让人光着脚从火碳上快速走过，如果他的脚被烧伤了，就说明他是个坏人；如果没有烧伤，就说明他是个好人）等。这类方法是假借神灵的意志来裁判谁是谁非的"测谎"方法。

随后，才逐渐演绎出以经验智慧为基础的测谎方法。最有代表性的一起案件是二母争子案，也就是两个母亲争抢小孩的案件。

有两个年轻的母亲都刚刚生了小孩，其中的一个母亲的婴儿不幸夭折了。这个母亲非常伤心，非常想念孩子，这时她发现邻居家也刚好有一小孩，就伺机偷来当成自己的孩子。这样两个母亲发生了争执，她们就找到一个公正人来裁判。公正人一时也难以从两人的辩解与孩子的相貌上判断。公正人就说，"这样吧，你们两人抢吧，谁先抢到孩子就归谁了"。一听这话，两个母亲就开始准备。但是过了一会儿，其中一位母亲主动提出，她不抢了。公正人立即判断她就是孩子的亲生母亲，因为亲生母亲害怕在争抢中伤到孩子而退出。

真正意义上的测谎技术是20世纪的事情了。

1921年，美国一名理工科背景的大学生J.拉森，到加州旧金山对面的伯克利小镇应聘当了一名警察，他的基本工作是抓小偷。他在抓小偷时发现，除非当场有非常确定的证据，否则小偷们都会百般地否认、抵赖，不承认自己的偷盗行为。这让拉森很苦恼。他苦思冥想，后来在医学检查仪器的启发下，他利用自己所学的生物学与机械方面的知识，做了一台仪器，就是测定犯罪嫌疑人在接受讯问时的心率、血压与呼吸频率的变化，以探测小偷在审讯时是否说谎。这个方法很灵，立马就能从生理指标的快速变化中识别出小偷的说谎行为，这对办案很有帮助。于是，这种测谎仪就开始在司法实践中推广应用起来。这就是人类发明的第一台测谎仪，从此，测谎技术就不断系统化、规范化地发展起来，并且越来越成熟。经过几十年的尝试，已经发展出了许多不同范式的技术方法，比如，紧张峰值法、控制问题法、犯罪情景测试法，等等。

所谓测谎仪，学名叫心理生理测试仪。其主要参照的指标是心率、血压、呼吸频率，后来随着技术不断的更新和发展，增加了一些新的指标，如皮肤电、脑电、身体微反应、微表情，等等。

那么，这些仪器为什么能够识别谎言？它的原理是什么？

简单地说，就是每一个人遇到危险情况时，都会不由自主地感到紧张、恐惧，而当心理上产生紧张、恐惧时，人的生理上就会自动地产生一些变化（以适应当时的紧张危险情况），专业人员就可以从生理变化中来推断他是否在说谎。

那么，为什么心理紧张时会有相应的生理变化呢？

我们知道，人的生理反应与外部行为都是在神经系统的控制下实现的。有的行为是人自己能够主动控制的，比如，你可以主动地说一个不太好笑的冷笑话，也可以假装很伤感。而有些生理反应是不受人的主观意志调控的，比如，一个男生第一次和女生约会时，可能不由自主地心跳加快，或者满脸通红，这就是不受行为人的主观意志控制的。

有一种自主性神经，也称为植物性神经，包括交感神经系统与副交感神经系统，它是在漫长的生命进化中形成的自动反应机制，它在平和情境和紧张情境下的工作模式是不一样的。如果在重要的、危险的情景中，它会启动交感神经的应急模式，也就是战斗或逃跑的反应模式。比如，在森林中突然遇到老虎，除了被吓晕之外，就只有战斗或者逃跑这两种反应，这也是自动化的反应，既不需要思考，也不需要任何推理。这是高等动物进化出来的一种本能,这样才能生存下去。有人问,如果没有这种战斗或逃跑的反应模式会怎样?他就被老虎吃了,这种人是没有后代的。就是说,基本上没有这种人。这种行为模式是自动反应,而且反应很迅速。心理和行为要快速反应,生理上就要有相应的准备,如心跳加快,血压上升,呼吸加快,肾上腺激素飙升,肌肉紧张起来,这样才能有能量与力量去战斗或逃跑。这些生理的自动反应都是生物进化的结果;这些生理变化是不受主观意志调控的。

遇到了一只老虎,这只是一个比喻,比喻紧急的、迫切的危险情景。现代的人,可能面临各种"隐形的老虎",如遇到了危急的事件,或者自己干了坏事,他自己也肯定知道,一旦被发现,是要接受惩罚的,或者受到良心的谴责。如实施犯罪行为,后果当然非常严重,要付出巨大的代价,会失去自由、尊严,甚至生命。这些"隐形的老虎"出现时,就会自动地激发出内心的恐惧与相应的生理反应。所以,可以通过检测他们在面对特定犯罪信息时的生理状态,从而推测出他们的心理状态,例如有没有说谎。简单地说,测谎就是从生理变化指标来推测心理状态。

这里有一个尖锐的问题,有没有不会产生正常的紧张感、恐惧感的人?如果有,对他们测谎行不行?

答案是,有这种人,就是精神病态者,他们没有平常人具有的紧张感、恐惧感,所以,对他们测谎基本上是无效的。而大多数正常情况下的行为人是做不到这种生理控制的。

在对犯罪嫌疑人进行测谎时,我们国家经常用的是紧张峰值测试技术,也叫犯罪情景测试技术。

比如,有一个钱款被盗的案子:一个人放在办公桌上的5000

块钱不见了，第二天才发现，而且确定这两天没有外人进来，那办公室里的其他人自然就成了嫌疑人。他们都不承认拿了钱。最后通过测谎来甄别，给他们一个一个接上测谎仪的感应器进行测试。因为，从表面上可能看不出来一个人的紧张，但是通过仪器的信号放大，心理紧张的生理反应就立即被放大显现出来了。

测试的时候，工作人员会提出5个问题：

你叫什么名字？

今天天气怎样？

最近工作如何？

你会把那5000块钱藏在家里吗？

最近身体还好吧？

其中，第四个显然是案件相关问题，其他的是无关问题。这样，通过对案件相关问题与无关问题的生理反应对比来判断。如果，每当问到案件相关问题时，某人的生理指标就快速变化，那他的犯罪嫌疑就大大增加。通过多次的测定，基本上就可以把犯罪嫌疑人甄别出来。

这就是紧张峰值测试法，如果每当问到案件相关的信息时，被测试者的血压上升、心率加快，这说明什么？说明此人至少是案件的知情者。

又比如，在一个凶杀案中，犯罪的凶器很特别，别人不会知道，比如是一把梭形匕首，大多数情况也只有犯罪嫌疑人才知晓这一特殊的细节。

测谎题的设定可以是：

凶手在杀人时用的是：菜刀？斧子？梭形匕首？剪刀？

木棍?

这样一组一组地进行测试。

如果,每当问到梭形匕首时,某人的血压、心率剧烈变化,呼吸加快或屏住呼吸,这说明什么情况?这说明他参与犯罪的嫌疑大大增加。

这种方法也叫犯罪情景测试法,是针对犯罪的细节或线索而设计的。

如何依据具体的数值来判断犯罪嫌疑人呢?实践中,主要依据相关问题与生理波动的对应率来判断:

如果两者的对应率小于30%　　　　　　（他是无辜者）
如果两者的对应率在40%～50%之间　　（他是一般知情者）
如果两者的对应率在50%～60%之间　　（他是参与知情者）
两者对应率大于60%　　　　　　（基本可以确定他是犯罪嫌疑人）

当前,这种测谎技术的科学性和有效性处于什么样的水平?

一般情况下,对有罪者来说,可以达到80%～90%的准确性,也有15%左右的概率会让坏人漏网,躲过测试,尤其是有测谎经验的惯犯;对无辜者来说,准确性可达到90%～98%。但是,也有5%左右的无辜者会被误报（比如有的人天生就比较紧张,过于担心）,也就是可能把无辜者误报为有犯罪嫌疑的人。

20世纪90年代之后,西方测谎技术有了一些新的探索方向,代表性的新技术有以下几种。

声音分析技术

人在说话的过程中声音会有一些生理性的变化,因为说真话和说假话的心理状态不一样。说假话时内心紧张,就会出现振颤的次声波，这种特定的声纹特征可以通过仪器检测到，从而推断他是否说谎话。二十多年前，以色列的情报部门摩萨德就已经开始运用这项技术。

脑电测试技术

人的大脑在接收信息时会产生事件相关电位（就是生物电），并伴随有电流量与血糖耗氧量的变化，而当面对敏感信息进行加工时，可以侦查到事件相关电位ERP的时间变化量与波形特征。它是通过功能性核磁共振fMRI、正电子断层扫描PET等技术来测定的。由于这种脑电的变化不受人的意识控制，因此，可以由此来推断说话的真实性。目前，这种技术正处于探索验证应用阶段。西方一些国家已经将其广泛运用于刑事侦查、民事调查以及特定人员的筛选活动。

微表情、微反应识别技术

这种技术在一些电视剧、电影中都有夸张的表现，很是神奇，类似于快捷的读心术。其实这项技术并非纯粹的想象，现实中也确实有这种测谎技术。该技术的理论认为，表情和微表情是进化中的情绪遗迹。比如自然的微笑与假装的微笑不一样：40多块面部肌肉的快速模仿、嘴角收缩、颧骨肌抬起，这就是假笑，模仿的笑，是职业性微笑，也叫泛美航空公司小姐的微笑（Pan Am SMILE）。一般人通过学习、练习就能假笑，别人一般能够看得出来。而真诚的笑同时伴有眼角肌舒缓的收缩、舒缓的回落，这叫迪香式微笑、自然的微笑，是发自内心的愉悦的笑，是不需要学习就会的。比如，婴儿在四个月时就会这种自然的笑。

微表情是人类自然进化的产物，是潜意识的情绪流露，是大约持续 20～200ms 的表情。因为微表情、微反应不受人的意识的控制，能够较为真实地表达出内心的体验，可以据此来推断真实与虚假的反应。

世界著名的情绪心理学大师艾克曼（Paul Ekman）的研究团队开发了微表情识别与训练方案（METT），通过短时间的表情与微表情识别训练可以快速提高安全人员在公共场合对危险人物的微表情识别能力。据说识别效果很好，通过识别危险人物在特定场合的微表情与微反应，他们已经成功阻止了 70 余起有计划的恐怖袭击事件。

在我们国家，中国社会科学院心理研究所也研发了具有中国人脸特征的微表情系统（CASME 2），目前正处于研究与验证的测试阶段。

当然，所有的测谎技术都要面对一个难题，那就是犯罪嫌疑人的反侦查能力，也就是侦查人员要随时注意犯罪嫌疑人的反测谎举动。

什么是反测谎举动？比如被测试者屏住呼吸、不停地问话、环顾左右、咬舌头、握紧拳头、用力勾脚趾等，以此制造多余的生理波动的假象与干扰。某人为什么要反测谎？肯定是心中有紧张或担忧，这些信息对分析研判同样也是很重要的。

心理测试技术是一种基于生理与心理关系的技术，并不是主观的臆测，而是一项有科学原理支持的应用技术；当前，它的应用价值不仅体现在打击犯罪中，在公共安全（如反恐行为）与特定人员（比如军人、国安人员）忠诚度考查中也有用武之地。

当前，只有少数西方国家规定测谎报告具有间接证据的法律地位。在刑事案件中，多数国家的司法系统并不允许测谎报告直接作为证据使用。

在我国，测谎技术是自20世纪90年代发展起来的，当前，这项技术已经较为广泛地应用在刑事侦查、民事案件的调查活动中了。

当然，要特别注意，由于人的心理的复杂性和个体差异性，尤其是犯罪嫌疑人强烈的心理对抗性，犯罪心理测试技术仍然需要不断完善，以提高测试的准确性与稳定性！

总之，在测谎技术的发展与应用中，我们看到了打击犯罪的技术在快速地进步。

正所谓：魔高一尺，道高一丈！

"正义也许会迟到，但是绝不会缺席！"

犯罪心理画像：
追踪犯罪者的影子

俗话说："画虎画皮难画骨，知人知面难知心。"人的心理是复杂而隐秘的，正常情况下，一般人的想法与心态是很难推测的，居心叵测的犯罪人的心理则更加难以捉摸。

那么，对具有强烈对抗性与隐蔽性的犯罪人而言，他们的行为和人格特征能不能在精神分析与行为科学的帮助下准确地刻画出来呢？这就是犯罪心理画像技术的目标所在。

犯罪心理画像这项应用技术，是如何演化而来的？

先来看一个经典的案例——纽约炸弹狂。

1940年11月16日，美国纽约市，有人在爱迪生电气公司大楼的一个窗户边发现了一枚没有爆炸的炸弹。炸弹的旁边有一张手写的字条，上面写着："爱迪生公司的骗子们，这是为你们准备的。"字条的落款是英文大写字母F.P.（办案人员开始以为这是犯罪人的姓名或外号什么，实际上并不是）。

这只是这场游戏的开始，一场延续了16年的炸弹游戏（共放置了33枚炸弹）。这个犯罪人陆续在公共汽车站、地铁、剧院等公共场合放置炸弹。这样一来，不仅是炸弹爆炸直接造成了人员伤亡，更大的破坏是这种行为导致纽约城持续弥漫着恐怖的气氛！

纽约警察一直在努力，可是案件一直没有头绪，找不到这个隐藏的犯罪人。

直到1956年，一名办案警察提议，能不能请一位精神科医生来协助办案，因为他认识的一名心理医生看人很准。于是，警方请了一位精神科医生来试试。实际上，这位医生自己也没有把握，因为他从来没有参与过办案。可没有想到，他就很快找到了犯罪人的蛛丝马迹。

这位精神科医生结合犯罪人的作案时间与手法，以及现场的遗留物，尤其是对信件的内容与书写方式的分析，得出了结论。医生说，犯罪人的线索早已经留下了，就是你们没有注意到。

这名精神科医生提出了犯罪人的17条具体特征。

1. 男性。根据能制造炸弹、远距离多处放置炸弹、狂妄地留下字条，以及字迹等特点可以推断出，犯罪人应为男性。

2. 年龄在50～60岁。此人认为爱迪生公司害了他，渐渐地认为整个世界都在欺骗他，进而变成"偏执狂"。偏执狂一般有一段潜伏期，但是一过35岁，患者就会变得一发不可收拾。此人放置炸弹已经有16年了，所以年龄应该在50岁以上。

3. 不胖不瘦，中等身材，体格匀称。从心理学角度讲，人类的体格、个性和精神疾病的发展都会有关系，其中偏执狂中85%左右的人具有运动员的身材。

4. 独身，没有朋友，与年长的女性亲属共同生活。此人经历过失去母爱的巨大痛苦，此后也没有建立起爱情和友谊，创伤一直没有愈合，导致这种怪异行为的连续发生。因为缺少母爱，所以会寻找年长的女性亲属共同生活。如果没有这个女性亲属的陪伴，其心态必然狂躁，爆炸的密集度和时间跨度也都会发生改变。

5. 居住地在布里奇来特区。匿名恐吓信不是在纽约就是在韦斯特斯特投寄，因此此人的住所可能在两地之间。

6. 居住在一个单独的院落中。制造炸弹必须有一个设备很好的工作室，不会妨碍邻居，也不会轻易被人发现。

7. 受过良好的中等教育。从其清秀的字体可以看出这一点。

8. 衣着整齐、风度翩翩。一个偏执狂在衣着或举止上，常常会有追求完美的性格倾向。

9. 工作一丝不苟，属于模范职员。从清秀的字体和干净的信纸可以推断其工作态度一定不错。

10. 不是纯粹的美国血统。他把爱迪生公司写成"Society Edison"，而不是美国人常用的"Consolidated Edison"的缩写"Cons.ED"。

11. 斯拉夫人。对仇敌采取报复措施因地而异，地中海沿岸的人多用匕首，斯堪的那维亚人多用绞索，斯拉夫人常用炸弹。医生推断的布里奇来特区就是斯拉夫人的集中居住区。

12. 信仰天主教，定时上教堂。斯拉夫人大都信天主教，规律性的行为正是其习惯之一。

13. 此人曾是爱迪生公司的职工。

14. 工作期间，爱迪生公司曾对他有过不适当的处置。这种憎恨让他产生了报复行为。

15. 曾经受过一定程度的心理创伤，有恋母情结并憎恨父亲。男孩在幼年时会由于恋母情结而憎恨父亲，会产生对权威的反抗，随着偏执狂病情的加重及对社会的憎恨，会导致他到处放置炸弹。

16. 身患心血管疾病。他在留下的字条中，一再声称自己是病人，他可能患癌症、肺结核或者心血管疾病。

17. 喜欢穿双排扣的西服。

其中，这位精神科医生对犯罪人书写文字的精神分析很是精彩：其中书写字母 W，呈现弧形字体而且笔划圆润，这表明犯罪人有强烈的性压抑，圆润形状是对女性乳房的投射。他没有结婚，很可能与年长的女性亲戚居住在一起，有单独居住的房屋。

最为精彩的是最后一条：当你们抓获他时，他很可能穿着双排扣的西服。

依据这些描述，警察按图索骥，顺利抓获了犯罪人。他是一位曾在爱迪生电气公司任职的退休职员，叫乔治·米特斯基，他受工伤之后被解职，认为自己没有得到公平的待遇。

他确实与姐姐一家住在一起。

字条落款 F.P. 也揭开了谜底，那是一句宣示口号：Fair Play——"公平游戏"的意思！

而且，在家里被抓获的时候，他穿着睡衣，但在要求更换衣服后，他确实穿上了双排扣的西服！这让警察惊叹：很精准，很神奇的心理画像！

其实，这只是偏执狂患者在日常生活中的一个显著特征：很严肃又很刻板的表现。

这位精神科医生就是一举成名的 J. 布鲁塞尔。紧接着他又参与侦破了波士顿杀人案。

从此，精神分析的心理画像技术进入 FBI 培训学院，由富有办案经验的警察接受临床精神分析的培训,成为犯罪心理画像师。

二十多年前,热度很高的美国系列电视剧《犯罪心理》,讲述的就是心理画像师的办案故事,电视剧里的大多数情节由真实案件改编而成,如绿河杀手、大学炸弹客、BTK 杀手、黄道十二宫案等。电视剧的制作方还请来了当年参与侦破案件的 FBI 侦探作为专业顾问。因此,电视剧的故事引人入胜,可观赏性与分析深度也都较为到位。

可见,犯罪心理画像就是找出犯罪背后隐藏的犯罪人,通过描绘其行为特征与人格特征把他识别出来。它也称为人格画像或行为画像。

也就是说,犯罪心理画像通过对犯罪现场、被害人及行为证据的分析,在心理学原理的支持下,对隐藏的犯罪人的推断。通俗地说,犯罪心理画像就是寻找"罪犯的影子"。

具体来说,如何能够刻画出隐藏的犯罪人呢?

犯罪心理画像就是以犯罪行为—犯罪心理—犯罪行为人形成的主线,在画像过程中,需要抓住其核心的三个要点:

第一,从犯罪现场与行为证据归纳出犯罪行为模式(行为发生的特点和规律)。

第二,犯罪行为模式可以反射出犯罪心理(以犯罪动机与犯罪人格为代表)。

第三,在办案经验与逻辑分析的帮助下,推断特定的犯罪人群或者犯罪人,即找到符合这种心理特征的人。

当今,有三种流行的犯罪心理画像方法:美国 FBI 使用的犯罪现场重建、行为证据分析,以及英国的侦查心理学。

1. 犯罪现场重建。

这是经典精神分析的应用成果，也是早期犯罪心理画像技术的代表。

精神分析的核心是什么？是性本能与潜意识，就是要找到犯罪心理与过去心理创伤之间的关系。在具体应用中，由犯罪行为推断犯罪心理时，最为核心的线索有两个方面。

一方面是犯罪惯技：习惯性的犯罪手段与方法。如入室抢劫，是暴力开锁、技术开锁，还是假冒工作人员欺骗开门等，这些习惯性犯罪手法，不会轻易地改变，因为它在犯罪人曾经的犯罪实施中有效而且安全。

另一方面是犯罪标识：犯罪人内心特定欲望的表达，如符号或仪式。它指向的是犯罪人强烈的内心欲望的满足。例如，美国早期的西部土匪在抢劫杀人之后，会留下一朵"黄玫瑰"作为标记，好像在告诉所有的人："这就是我干的！"又如，发生20世纪60年代的黄道十二宫案（此系列案件共造成了37人被害），犯罪者每次作案后都会在被害人尸体上划上黄道十二宫中的一个星座符号，并留下挑战书。再如，电影《沉默的羔羊》中，犯罪人在杀人后，会在被害人的嗓子里塞进一只蛹虫，代表犯罪者化蛹成蝶的理想。这些特殊的做法就是犯罪标识，同时这往往也代表犯罪人对司法、对权威的挑战。

虽然犯罪标识本身对犯罪过程的安全性是非常不利的，因为要花费时间，也会留下更多的线索。但是，某些变态犯罪中的符号仪式非常重要，它是犯罪人内心强烈欲望的投射性表达。因此，犯罪标识的出现对于确定犯罪人，以及并案、串案都是非常重要的线索。

2. 行为证据分析。

20世纪90年代以来，美国犯罪心理画像在行为科学与证据科学相结合的过程中发展出一种的新方法——行为证据分析法。

这种技术特别注重对于犯罪现场、被害人与行为证据等案件要素的综合运用。比如，被害人信息（已经死亡或受到伤害的被害者能提供的信息量都很大）。

这种技术采取了两种策略方向：从被害人寻找犯罪人；从行为证据确定犯罪人。

可见，这是行为主义与行为证据科学相结合的应用技术，它的核心是寻找证据和因果关系，而不像精神分析那样强调对犯罪人内在心理特征及心态的分析。

3. 侦查心理学。

在英国，犯罪画像技术具体体现在侦查心理学中。该技术主张犯罪人的基本心态是：既要达到犯罪目的，又要相对安全地实施犯罪。

比如，犯罪侵害什么人。

总有些人更可能成为侵害的对象，犯罪人对他们实施犯罪比较安全。无形之中他们成为了被害者，这就是所谓被害易感性特征，如穿着暴露，防范意识差的年轻女性，往往就是性侵害的对象。她们是性犯罪的易感人群。

再如，犯罪行为更可能发生在什么地方？

这是指犯罪地图，或者犯罪易感地带。在系列的盗窃案或强奸案中，犯罪者的活动范围大致符合"圆周定律"：以最远的两个发案地点为直径画一个圆圈，犯罪人有 80% 的可能居住在这个圆圈中，有 60% 的可能居住于该圆圈的核心地区（城市中大约在 3～5 公里范围之内）。

例如，2000 年至 2004 年间，在陕西某地发生了一系列奸杀案，各个案发地呈现出散状分布，好像没有一点头绪。但是，在仔细分析后发现，案件发生地的分布图像九宫格一样，两县市多个村庄都发生了多起案件，呈现出圆圈状分布，而圆圈的中心地带没有发生一起案件。这时有经验的办案警察就推断，这个中心地带很可能是犯罪人自己生活居住的村庄。这样，通过重点排查，在 DNA 技术的支持下，很快就锁定了内心镇定、外表不露声色的 28 岁犯罪人李某波。而正是犯罪人自己强烈的潜意识防卫心理，无意中暴露出自己的活动轨迹。

此外，犯罪人平常生活中是心智缜密的，还是冲动鲁莽的，在犯罪活动中也会有相应的体现。

犯罪人在人际关系方面是不是具有习惯性的欺骗，也会在犯罪行为与平常生活中趋于一致地表现出来。即犯罪心理痕迹与平常生活行为模式之间存在一定的内在关联性。

还需要注意的是，一个惯犯，他的犯罪生涯信息和反侦查知识、技能也肯定会在犯罪行为中自然地流露出来。这就是犯罪生涯信息。

这就是英国的侦查心理学，称为五因素模型，其本质就是一种犯罪心理画像技术；它强调被害人的易感性、犯罪地图，以及犯罪行为和平常生活之间的关联性。经过多年的司法检验，该模型在侦查案件中还是比较实用且有效的。

在一些国家的司法实践中，犯罪心理画像技术对于所有的案件侦查都有辅助作用，对多数的疑难案件有直接的帮助。一般来说，重大的、疑难的案件才启用犯罪心理画像技术。这些恶性犯罪主要指系列凶杀、强奸、虐童案，仪式性犯罪等，也就是说，病态性、本能性犯罪，比较适合犯罪心理画像技术的应用。

可见，犯罪心理画像就是由犯罪行为推断犯罪心理，然后，从犯罪心理出发寻找具有这种心理特征的犯罪人。其中，犯罪惯技、犯罪标识，以及证据的关联是重要的线索。

对此，特别需要注意的是，虽然当前在北美、欧洲的一些国家中，犯罪心理画像技术得到了较广泛的应用，但是，当前的犯罪心理画像技术，仍然处于科学性与艺术性相结合的水平，还没有达到成熟的自然科学水平，其中还有心理画像人员主观推断的成分。也就是说，犯罪心理画像可能出现误判，它需要结合侦查证据、测谎技术共同来发挥作用。因而，犯罪心理画像分析的培养策略，也正是富有办案经验的警察与精神分析、行为科学训练的有机结合。

无论如何，在所有的犯罪心理画像技术应用中，已经总结出一个精髓的理念，那就是："只有像犯罪人一样思考，才能深刻地理解犯罪人的心理和行为，才能够更加有效地打击犯罪！"

投毒者的心理画像：
隐蔽的攻击者

2020 年 12 月 25 日，某网络公司董事长林某被人投毒身亡的消息一度登上了热搜。这次"投毒门"事件中的犯罪嫌疑人许某是什么样的人？他具有什么样的心态？

2020 年 12 月 17 日，39 岁的某网络公司董事长林某出现了典型的中毒症状，立即入院治疗，而仅仅一周时间之后，这位前程似锦的年轻人就因慢性中毒不治身亡。

警方立即开展侦查，很快就发现林某的同事许某有重大作案嫌疑。据媒体报道，许某一共从国外购买了 100 多份慢性毒药，采用陆续投毒的方式下毒，在案发之前，这些毒药已经基本上投放完毕。100 多份慢性毒药啊！大家想象一下，这得投多少次，持续投多久？可见这个犯罪人得有多大的报复性耐心。

这种既隐蔽又歹毒的犯罪，让我们联想到 1994 年发生在清华大学的铊中毒事件、2019 年的乳山公务员投毒事件，以及 2013 年复旦大学的研究生投毒事件。

这些投毒犯罪嫌疑人，都有哪些共同之处呢？

从犯罪心理学的角度来说，用毒物害人，基本上都是出于报复泄愤。也就是说，犯罪动机很简单明了，就是报复；犯罪行为发动的心理机制是愤怒——攻击；实施犯罪的方式是隐蔽攻击。

首先，投毒犯罪人的报复动机。

犯罪人为什么有这么大的愤怒，非要取人性命不可？因为犯罪人自己真实地感觉到遭受了挫折，有重大的挫败感。为什么有重大的挫败感呢？因为犯罪人自己判断已经发生或者必然发生重大的利益损害，包括物质利益和精神利益。比如说，李四判断因为其他同学的竞争排挤，自己的奖学金可能不保，或者发现自己的女友对别的男同学很感兴趣。这些，李四都可能感觉到有重大的利益损失。

在这次案件中，犯罪嫌疑人许某投毒的原因，和老板林奇对其职位调整导致的减薪有直接的关系。虽然许某的年薪曾有2000万元之多，但他认为这是自己能力的体现，自己本来应得到更多。正是老板对职位的调整，让自己遭受了重大的经济损失，还有对潜在的名声和前途的损害。

这样，我们厘清了犯罪人的一条逻辑，这就是利益损害—挫败感—愤怒—攻击行为之间的逻辑链条。看上去，这好像能很好地理解犯罪人的犯罪动机，但是问题的关键在于，为什么单纯的职位调整会产生关于重大利益损害的判断？为什么会产生如此极端的仇恨感？以及为什么行为人丝毫不顾及投毒带来的危害性？这就和行为人自己的观念有密切关系了——这就是病态的自我中心，或者说是一种病态的自恋。

心理学中将自恋定义为："夸张、不切实际的自我形象。"自我欣赏的个人评价很是夸张，又很不切实际。几个世纪以来，人们一直把它看作一种常态的性格特征，但是，在某些极端情况下，它也被看成一种严重的心理疾病。

作为一种常态下的性格特点，自恋可以分为两种形式：浮夸型自恋和脆弱型自恋。无论哪种，都是表现为自我欣赏，自我得意而已。比如说，李四就是觉得自己长得特别好看，也特别聪明，比别人都聪明。客观上讲，虽然这种盲目的自恋对他人和自己不会有什么好处，在多数情况下也不会对周围的人造成什么明显的危害。然而，有一种更为极端的自恋类型，就不一样了。它被看成是一种严重的心理障碍，这就是通常所说的自恋型人格障碍，男性中有1%～2%的人具有这种人格上的严重缺陷。

病态自恋者在心理上具体是一种什么状态呢？

这种病态的自恋者，在认知与情感上以自我为绝对的中心，自我确立的个人规则可以对抗所有的人，甚至会对抗社会规则。这种自恋就是一种心理疾病，自恋者自我感觉不错，但是周围的人却可能因此要面临风险。比如说，李四只是一个常态的自恋者，他只是单纯觉得自己长得好看。但是，一个变态的自恋者却会因为别人说自己不好看而愤恨不已，并可能处心积虑找机会报复对方，甚至痛下杀手，这就很可怕、很危险了。

在正常的情况下，这样的人和大家可以相安无事。但是，只要当他判断前进的道路上有阻碍时，就会想尽办法予以清除。因为他的判断是，别人的过错在先，妨碍了自己的利益，所以必须维护自己的利益，无论采取什么方式都是值得的。比如说，病态的自恋者李四把说自己不好看的人都杀了，这样就没人说他不好看了，他就维护了自己所谓的"好看"这个精神利益。

这种想法、这种观念，在西方的认知范畴中被称为马基雅维利主义，它的核心要义就是："只要达到目的，可以不择手段。"是不是有点像"厚黑学"里面的观点？通俗地说就是："只要你惹上了我，你就死定了！"

在情绪情感上，行为人在遭受所谓的挫折时，本质上内心反应很强烈，内心非常痛苦，而且，持续时间会很久，不会自然化解，就像心中的一个伤疤在持续地隐隐作痛。但是，他在表面上的抑制能力却很好，"言行上不露声色、情绪很稳定"。这为投毒犯罪提供了良好的心理准备以及掩蔽性，而对受害人的"情感冷漠"，正是投毒犯罪行为的潜在推动力。

其次，投毒犯罪人的报复方式。

在作案方式上，投毒是一种隐蔽的报复方式。"工于心计、计划周密"是这类投毒犯罪人的基本心理特质。这一点，他们在日常行为和犯罪行为中都是一致的：做任何事都很细致，很有计划性。从毒物的毒性、剂量要求，到获得渠道、投毒方式、投毒次数等，都要事先进行细致的了解和筹谋。所以，无论是冲动性的投毒，还是连续性的投毒，犯罪人一般都是工于心计、长于部署之人，他们要先计划好投毒的每一步、每一个环节再去实施，这也导致投毒犯罪的成功率一般都会比较高。

投毒加害和刀光剑影相比，最大的不同在于其隐蔽性和阴险性，表面上行为人和你可能仍然是好朋友、好同事、好伴侣、好兄弟，可是心里已经诅咒你一百遍一千遍了。比如李四觉得女友已经出轨了，准备报复，背地里他已经开始陆陆续续地准备毒药了，但是，表面上他仍然对女友温柔体贴。这种表里不一的做法，非常容易麻痹受害者，让受害者没有任何察觉，根本意识不到危险的逼近。

这种极端的自私,加之情感冷漠的人格障碍,驱动着投毒犯罪人做事不计后果,不达目的誓不罢休,为达目的不择手段。这些人格特质都为投毒者痛下决心实施投毒提供了强大的心理基础。

明明知道毒物会要人性命,却悄悄地投毒,这不仅是放任毒害后果的发生,本质上也是希望、追求毒害的后果。这种行为也只有内心非常阴狠的人才能做出来。在林奇这起案件中,犯罪嫌疑人许某并不是一下就直接毒死对方,而是采用长时间、持续地、慢性下毒的方式,让对方的生命被一点点地毒害,他在这一犯罪过程中可以有较长的时间享受对方生命的逐渐衰退带给自己的心理宣泄感和病态的满足感。

这种犯罪人,可能对某些危险毒物有一些知识或专长,但是他们并不一定具有多高的智商。只是他们自己有一种自以为是的聪明,觉得自己很独特,高人一等,在实施谋害时,可以精明算计,可以神不知鬼不觉。其实,事后发现,那更是一种自欺欺人的假象。

这样看来,投毒者具有以自我为中心的偏执、狭隘的观念,大多数是自恋型人格障碍者,是以自我为中心的病态自恋者。采取隐蔽投毒的大多数人,实际上原本并不需要面对惨淡的人生,但是,他们却不敢直面淋漓的鲜血。他们采取以相对间接而隐蔽的方式来加害他人,他们最终也要付出自由和生命的代价。

复仇的自杀者：
报复与自我毁灭

2020年10月19日，在西安市公安局辖区内，李某某连续实施了两起凶杀案：第一起案件，导致李某某原单位张某某夫妇死亡；第二起案件，导致李某某原单位两名物业工作人员死亡。这两起连续发生的凶杀案，造成四人死亡。随后，施害人李某某自己也跳楼自杀身亡。

这是一起典型的反应性暴力，就是一种由消极情绪引发的暴力，是强烈愤怒的宣泄表达。

犯罪人是满怀愤恨的复仇者。

犯罪的动机是仇恨：实施犯罪行为就是为了报仇，为了宣泄内心强烈的愤怒——仇恨情绪。

那么，这种强烈的仇恨是如何演化出来，并快速地升级为暴力动机的呢？

首先，李某某与原单位长期存在着尖锐的矛盾、冲突，这导致他产生了强烈的挫折感和失败感，感觉自己受到了不公正的待遇，自己的利益受到了重大的损失。这种愤愤不平的体验长时间得不到化解，不断累积的挫败感进而变成强烈的怨恨情绪。

其次，在怨恨积累的过程中，行为人会通过自己的努力去争取利益，挽回自己认为的损失，会不断地与主管领导、管理者、具体的办事人员交涉，但是，往往都是一次次的失败，这样多次的努力与失败反而加重、强化了自己的挫败感和痛苦的体验，最后导致了一种不可避免的习得性失助：觉得自己永远也不可能挽回损失（"沉没的成本"）。而当行为人特别看重这种利益之时，相应地，就会产生自我价值贬低，甚至自我价值的丧失，觉得自己是一个彻底的失败者，是没有任何希望的失败者。如果这时他没有亲情和社会的支持，就可能诱发厌世轻生的冲动。

最后，如果行为人原本心理上就存在着一些人格问题，如偏执性人格或者边缘性人格，那么事情的发展就更不可预测了。偏执性人格或者边缘性人格是两种常见的人格问题、人格缺陷。偏执性人格者都是以自己为中心，主观片面地认为本来如何如何，应该如何如何，蛮不讲理。而边缘性人格则表现为冲动性、情绪化的想法和行为。在如此人格缺陷的影响下，他们就会自然而然地把这种失败完完全全地归因于外部因素，尤其是他人的故意阻挠、故意损害，认为是他人的人为原因导致了自己利益的重大损失。即使单位或主管人员已作出合理、合法的处置，在他们的内心也难以形成合理的、公正的印象，反而会形成他人是在故意伤害自己的判断。这种片面的、偏执的外归因认知模式，加上本来就习惯化的蛮横、冲动的行为模式，很容易诱发报复行为，以宣泄其内心强烈的怨恨。也即自己毁灭之前，进行针对特定人员的报复，或者扩大性的对社会的报复。从本案的侵害对象和行为特点来看，犯罪人应该完全符合偏执性或边缘性人格的特征，也就是说，主观狭隘的偏执想法和冲动的行为习惯相结合，共同导致了报复性的凶杀行为和自杀行为。这也是绝大多数复仇型自杀者最终的灾难性结果。

换而言之，现实中确实有一些危险的少数人，他们本来就存在一些心理问题，往往认识上偏激，行为上冲动。如果和他人存在矛盾，对他人心生怨恨，自己感到生活无望，就容易产生厌世想法，在外归因的认知模式下迁怒于人、迁恨于人，并报复他人或社会，临死前找人垫背，以宣泄内心对他人、对社会的不满。他们是生活中的极端分子、偏激分子，他们一旦作案，危险性很高。

那么，如何来防范这类人可能带来的危险呢？

第一，本质上，怨恨的产生都是和个人利益紧密相连，是在人际互动中形成的。一方面我们要秉持平常之心、公平公正之心与人交往，不要有损人利己的想法，这无论对领导者、管理者，还是对普通人，都是一样的，这样可以从根源上化解许多冲突和仇恨。

与人为善，心存善念，就是与自己为善，给自己营造平安的环境。一旦出现矛盾，尽量通过合情、合理、合法的方式沟通解决，尤其不要以霸道蛮横的方式处理，霸道蛮横的作派、盛气凌人，可能一时得势，也可能一时平息事态，但是也从原点上留下了怨恨的隐患，给自己留下了潜在的危险。这是最基本的一点。

第二，特别留心危险的信号。

危险的存在往往是渐渐累积的过程。在危险爆发之前，一般总会出现不同程度的信号。

如果已经发生了多次的冲突，出现了不可调和的态势，这就是初级的危险信号。

如果冲突发生了升级,从言语冲突,到肢体冲突,再到威胁的言行,这就是中级水平的危险信号。而如果出现了明确而具体的言语或行为威胁,尤其是针对自己或者家人健康、生命的威胁举动,则是最高水平的危险信号。常言道"言为心声",极端而危险的言语说明行为人内心的怨恨、仇恨已经达到了强烈的程度。千万不要以为那只说说而已,或仅仅是一般性的恐吓人的话。

此时,我们就要提醒自己:害人之心不可有,防人之心不可无!因为威胁可能正在快速升级,正在逼近自己和家人。

第三,尽量远离偏执的、冲动的人,因为他们不可能成为你友好的共事人、合作者,只会给你带来麻烦甚至危险。如果本来就已经存在冲突或怨恨,在具体的人际互动情境中就可能引发冲突升级或者暴力伤害事件。

我们都知道,爆炸物的爆炸不仅需要炸药,还需要引爆炸药的雷管,以及雷管的触发器。如果把爆炸物爆炸比作人际暴力伤害,那么仇恨之心、怨恨的情绪就是炸药本身,行为人偏执的观念和冲突的行为习惯是什么? 那就是引爆炸药的雷管!那么雷管的触发器是什么?那就是人际互动的冲突情景,它是人际暴力伤害的导火索!有的时候,我们可以化解人与人之间的怨恨,但是也有可能化解不了;他人的消极人格、习惯性行为特征,我们也不可能完全掌控。此时,面对潜在的危险,我们能够主动控制的就是远离这些偏执的人、冲动的人。因为他就像是一个火药桶,在激烈的人际冲突情境中,情绪化的言行往往就是引爆火药桶的一点点火星。在大多数情况下,那时那地也不是解决问题的好时机、好场景，反而只会导致灾难的发生。

  这就是这个特殊的案件对我们平常的工作、生活的一些启示吧：偏激的、习惯性冲动的人确实是真实的存在，他们是危险的少数人！

  一方面，平日里要平心静气、主动积极地处理、化解人与人之间的矛盾、冲突另一方面，要留意那些危险的信号，同时，要及时而果断地远离那些偏激、冲动、有暴力倾向的人。

目击证言的可靠性：
眼见的未必真实

人们经常说，"耳听为虚，眼见为实"。也就是说，听来的消息不一定可靠。

那么，亲眼看见、亲身经历而获得的信息就一定真实可靠吗？

我们先来回顾一起发生在美国西海岸的真实案例。

1991年1月18日，晚上7点左右。

地点是美国加州洛杉矶，城市东南三公里处的一片平民住宅区。

在一栋普通的住宅楼前，一位父亲与五个孩子，一起在房屋前的草坪上游戏玩耍。突然间，一辆急驰而来的小汽车在离他们四五米的马路边停下来，随即，一只手枪从车窗中伸出来，向这位父亲连开两枪，然后开车加速扬长而去，消失在夜色之中。那位父亲当场倒地死亡。

接到报案后，警察火速办案，在24小时内，就在离案发地三个街区的地方，通过路边的监控录像找到了一名17岁的黑人犯罪嫌疑人。但是，当时在他的车内、随身物品以及住处并没有发现作案的枪支等物证。

第三天，那五个在场的孩子作为犯罪现场的目击证人被叫到警察局辨认犯罪嫌疑人。通过照片辨认，他们一致指认照片上的那个人："他就是那个开枪杀人的凶手！"在法庭上，犯罪嫌疑人竭力声称自己和此事件没有任何关系，只是案发当时出现在附近的街区。但是，法官与陪审团成员根据五名目击证人的证言一致判定犯罪嫌疑人谋杀罪名成立，结果他被判处终身监禁。

这个"犯罪人"在监狱服刑期间不停地申诉。直到21年后，一位很有责任心的检察官巡视员在重新审查证据时，觉得证据存在一些疑点。在司法心理学专家的帮助下，他重新做了犯罪现场的模拟实验，并争取到了一次重审前的听证会。他们通过许多的视觉心理学和记忆心理规律的论证，证明当年那些证言很可能是五个在场的目击证人的错觉或者主观推断。尽管他们解释了视觉切线、光照度等专业术语和动态记忆原理，听证会上还是没有人相信他们。最后，司法心理学家近乎肯求地把法官、听证人员请到了犯罪现场，在大致同样的条件下（就是北半球冬天晚上7点的时候），进行现场实验。结果表明，尽管现场有街道的路灯，但实际上根本就看不清楚车里的人是什么模样！

亲眼看到这种场景效果后，法官当场决定重审这个案件。在充分的现场证据面前，陪审团一致认为五个孩子当时的证言是不可靠的，法官判决这个"犯罪人"无罪，当庭释放！当时他已经被监禁了21年，已经38岁了。因为他的女友在监狱探视时怀了孕，他出狱的时候，他的儿子已经考上了加州大学。

这个人的人生是多么的悲催！然而，这都不是五个目击证人的故意陷害。

1991年的这个案件说明了什么？

这个案件充分说明了在刑事案件中证言的重要性，以及证人证言的不可靠性。

有人认为，记忆力好的人就不会如此吧。果真如此吗？

美国司法心理学家沃里斯特做过以一个大学生为被试者的实验，结果发现：记忆力最好的学生在回忆一个5分钟时长的事件时，有26%的重点细节出现了错误，其他学生则有更多的错误。

那么，是不是亲眼看见的也未必是真实的呢？

实际上，司法心理学家早已经开始了系统的证人证言可靠性研究。

例如，美国司法心理学家威尔斯（Wells）早在1998年研究了40起错案，其中有5人还是死囚，但是，后来根据DNA检验消除了他们的犯罪嫌疑。其中有高达36件（90%）的错案与一个或几个目击证人的错误辨认有关。

2003年，这位心理学家扩大了调查的样本，结果有100名罪犯通过DNA检验后被证明为无罪，而他们之前被判有罪的证据是什么呢？有75%以上的"罪犯"是因为目击证人的错误辨认而遭受冤屈的。

在对证言可靠性的基础研究中，有一个记忆动态变化的经典实验，很能说明问题。

实验者把一个5分钟时长的故事讲述给第一名被试者听；一星期后，让第一名被试者把这个故事讲述给第二名被试者听；再过一星期后，由第二名被试者把这个故事讲述给第三名被试者听。如此传递下去，故事一直传递到第十八名被试者。当第十八名被试者在第十九周来复述这个故事时,故事的信息只有50%左右是最初实验者讲述的故事信息,而所有讲述故事的人都坚持认为,自己是完全按前一讲述者的内容来复述的。

就是说,这个故事在传递过程中发生了信息失真,而每一个传递者自己并不知晓。

另一个经典的现场模拟记忆实验,也真切地证明了确实存在着记忆失真的现象。

在某次心理学研讨会的会议现场,里面有100多人正在等待开会。在会议即将开始的时候,门外突然一声枪响,随即一个白人破门而入,他慌慌张张地跑进会议室,从前门向后门方向奔跑。随后,一个黑人手里拿着手枪追了进来,嘴里还高喊着一些愤怒的话。那个慌张的白人与愤怒的黑人在会场中奔跑着、追赶着,前后只有10秒钟左右,二人随即都从后门跑出去了。正当大家惊慌失措之时,会议的主持人告诉大家:"请不要惊慌,这是我们特意组织的一场心理学实验。请大家把刚才发生事件的细节在纸上记录下来。"通过和实时的录像比对发现:报告者回忆事件信息的真实度只有68%左右,也就是说接近三分之一的信息是虚假的信息,其中有许多信息是报告者主观想象或者猜测的信息,如行为人眼睛的颜色、衣服特征、行为持续时间与说话的内容等。但是报告者自己都坚持声称:那就是我看到、听到的真实情况啊!

可见,在这个实验中,大家都不相信自己记错了,所以,"不要过于相信自己的眼睛"。

认知心理学的研究表明:我们在重新提取记忆信息时,记忆的内容可能在不知不觉中已经发生了一些变化:人的记忆是重新建构的,是动态变化的。

比如,在回忆时,事件一般会变得更加简洁;如果其中存在空白的信息,大脑会自动填充一些信息,使得事件本身更加完整而丰富;这时,在知识经验的自动参与下,事件本身会变得更好理解,会更符合记忆者的经验与预期。

另外,在主观预期与强烈的情绪的影响下,事件信息则会发生更大的变化。

情绪对记忆的影响有哪些体现呢?

首先,武器聚集效应(weapon focus effect)。

大家可以想一下,当罪犯持有武器时,目击证人的注意焦点往往在哪?是武器而不是罪犯本人。心理学家洛夫托斯(Loftus)的实验表明,通过眼动仪监测目击证人的眼动,会发现在模拟抢劫事件中,一旦武器出现,目击证人的注意点就从持枪人的面孔上转移到了武器上。而罪犯的其他线索,如头发、面部特征等则更有可能是推测出来的。这就是目击者在恐惧情绪下产生的武器聚焦效应。

其次,目击证人自身的经验与思维偏向对记忆也有影响。

美国哈佛大学的一位心理学教授曾做过一个著名的实验。

实验材料是一张图片。图片上的画面是,在地铁车厢里,一个手拿匕首的人正在抢劫七个人。

参与实验的被试者观察这张图片10秒钟,一星期之后,被试者要回忆出图片内容。

实验结果:白人被试者中,50%～60%的人回答是一个黑人抢劫的情节;而黑人被试者的回答基本准确,那就是一个白人在地铁上实施抢劫。

虽然实验的图片中确有三个黑人,但他们都不是抢劫者,而是被抢劫的对象!

从中可以清楚地看到,社会上的种族歧视及暴力文化对记忆与判断有着深刻的影响。

这就是亲种族偏差的影响力——证人固有的种族偏见或者认识上的刻板印象,会潜在地、强力地影响到记忆的内容。这种偏见会自动加入到记忆内容中,而记忆者人本人并不一定能够清醒地觉察到它的存在。

同时,在面对证人证言时,还有两点需要特别注意。

第一,证人的自信心水平和准确性之间的相关性很低,也就是说信心满满的陈述也未必就是准确的。

第二,证词的可信度和记忆的生动性之间也没有太多的关联。

例如,1988年某天晚上9:30左右,美国华盛顿大学的一名女大学生走在大学校园的林间小路上,突然被一名强悍的男性从背后袭击。该男性扼住女生的颈部,低声地威胁道:"不许出声,否则就杀了你!"随后就在路旁昏暗的小树林里强奸了她。

两天后,这名女生被叫到警察局,对一名警方怀疑的犯罪嫌疑人进行辨认,当她听到犯罪嫌疑人说话的声音时,立刻指认出:"就是他,就算烧成了灰烬,我也听得出来!"

随后,这个犯罪嫌疑人被判处11年监禁。但是在8年后的1996年,经过对当年保存下来的被害人身上留存的精斑DNA鉴定,确认了另一人是该案的犯罪人,那个惯犯也如实招认了1988年的那次强奸行为。

显然,这是一桩冤案。原来认定的罪犯当然是无罪释放。当他们在律师与心理学家的参与下见面(恢复性司法活动)时,那名被冤枉的人愤愤不平地说:"我当时就发誓我没有做过那坏事,你们就不相信我啊!"

那名女受害者也同样是声泪俱下地说:"我当时是百分之一百地确认就是你!我真的不是想陷害你啊!"

可见,记忆是重建的、动态的,有时是不可靠的。尤其是当事人、目击证人对危急事件的记忆,往往有主观重建的额外信息,而当事人自己未必能够意识到它的准确性。

还有一点很有实用价值。研究者回顾很多司法案件后发现:证人在10～12秒时间内提供目击证词,准确率可以达到90%。

看来,目击证词并不是思考得越久越准确的。

在经验上,这称为第一时间判断原则。

同时,司法机构的一些做法也会影响到辨认的真实性,这些因素被称为系统变量。它们包括:

1. 指导语。

办案人员必须明确告知辨认者:"犯罪嫌疑人可能在其中,也可能不在其中。"否则,辨认者可能选出一个"更像是"——而不是"确定就是"的犯罪嫌疑人来。

2. 提问的方式。

一般来说,开放式提问有利于证人回忆案件,证言的准确性较好,但是这种提问方式不利于对事件细节的回忆。

需要特别注意的是,儿童不能很好地区分信息的来源,比如是自己的真实经历还是其他人告诉的信息。而且,儿童很容易受到成年人的暗示和诱导，尤其在多次询问和干扰的情况下，紧张害怕的情绪会严重影响儿童的记忆，容易造成记忆的混淆。这就是植入性记忆。在儿童遭受性侵害的案件中，植入性记忆出现的可能性较高。而在这些案件中，又往往没有其他的目击证人。

而且，年幼的儿童对"是否"这样的强迫性提问往往有回答"是"的偏好。比如，"那天是不是这个坏人摸了你的小屁屁？"他们多数的回答是"是"。看来，开放式的提问更适合儿童提供证言。

另外，对一些复杂的提问，儿童可能不理解具体的意思。如，"难道你那天不是没有看到那个坏蛋的脸吗？"对这样的提问，大人都不太好理解，儿童可能更不知所言。他如果随机回答，就很可能出现虚假的证词。

从证人证言及对其可靠性的判断中，我们可以清醒地认识到：人的心理世界并不是物质世界的模板。

也就是说，我们的心理并不是像镜子那样能反映我们周围的环境、所经历的事件；

我们看见的、听见的和记忆的事件，只是经大脑加工后的主观印象。

目击证言也是如此！

软审讯：
尖锐交锋的心理较量

由于犯罪行为的社会危害性与应受刑罚惩罚性，很多犯罪嫌疑人在最初的审讯时都不会主动供述自己的犯罪事实。因而，审讯人员与犯罪嫌疑人之间存在强烈的心理对抗是审讯活动中的常态。

如果警察没有对犯罪嫌疑人产生怀疑并加以严厉的审查，绝大多数的犯罪嫌疑人就不会主动供述；只有一小部分犯罪嫌疑人在没有警察施加心理压迫的情况下会主动供述；还有更小一部分的犯罪嫌疑人处于不确定的状态。审讯心理学正是探索审讯活动中各种行为的心理依据、心理特点及其对策的应用学科。其中，刑事审讯策略是该领域的核心内容，这些策略包括认知审讯策略、情感审讯策略与情景审讯策略。

硬审讯法与刑讯逼供的危险

在很长一段时期里，侦查人员及司法人员审讯犯罪嫌疑人、被告人的方法都是很"强硬"的，其明显特征就是强迫性，如刑讯逼供。

20世纪以来，虽然许多国家都在法律中禁止刑讯逼供。如"任何人不得以酷刑，或施以残忍的、不人道的或侮辱性的待遇或刑罚审讯"（《世界人权宣言》，1948年）。但是，长期以来，各国的司法实践中仍然存在着大量的秘密刑讯和变相刑讯。虽然自20世纪三四十年代强制审讯开始衰落，但至今刑讯逼供在某些国家的特定司法领域中，以国家安全为由，仍然隐蔽或半隐蔽地存在着。如美国的第三级审讯法（所谓"高端审讯法"）就是以强制性、秘密性为主要特征的强硬审讯法，其常用方法有肉体强制与肉体暴力、孤立、剥夺睡眠与饮食、长时间监禁等。

刑讯逼供具有明显的消极影响与危害性：是实施刑法与分配正义的直接障碍；鼓励侦查怠惰，降低警察工作质量；为错判无辜者制造了机会。因此，它不会带来案件的真相，通过刑讯逼供获得的证据在法庭上不具有可采性。

从20世纪中期开始，一些国家的审讯方法已经开始"变软"，首先表现为刑讯方法由肉体折磨转向精神折磨。但它仍属于"硬审讯法"的范畴，因为它仍是通过精神折磨来强迫被审讯者供述的。

真正意义上的软审讯法或"软审讯技术"是建立在心理科学和行为分析基础之上的审讯方法。其基本模式是在分析犯罪嫌疑人的心理特征和行为特征的基础上，通过语言或其他人体行为来说服犯罪嫌疑人如实供述。最具代表性的软审讯法是美国的里德（Reid）审讯技术，即九步审讯法。

软审讯法与硬审讯法的主要区别在于，前者不使用强迫的方法让犯罪嫌疑人供述，不是"硬逼着"其供述，而是以"软"的方式说服嫌疑人，使其自愿供述。当然，软审讯中，也是存在着心理强迫性的。软审讯以改变犯罪嫌疑人的态度为目的。社会心理学中有关态度改变及说服的理论、方法和技巧，是软审讯法的理论基础。

九步审讯法

美国学者弗雷德·英博（Fred Inbau）、约翰·里德（John Reid）和约瑟夫·巴克雷（Josenh Barclay）在对成功的审讯案例进行深入的观察并结合审讯已供犯罪的嫌疑人所获得的信息的基础上，总结创立了九步审讯法（The Nine Steps of Interrogation, 1962），于1986年在三人共同编写的《审讯与供述》（第三版）一书中首次公开提出。九步审讯法在美国的影响很大，美国很多警察都受过九步审讯法方面的培训。作为美国审讯科学和测谎技术的先驱，审讯专家约翰·里德参与此审讯技术的研究与推广应用（组建"里德联合学校"，里德为首任校长，其学生巴克雷为继任校长），故而，此审讯法也称为里德审讯法。

"九步审讯法"是由九部分组成的审讯程式方法，是一种克服反抗和供述欺骗的心理控制方法，其目的在于打破抗拒供述的犯罪嫌疑人之心理抵抗，使其如实供述罪行。

九步审讯法的步骤

1. 提出正式指控。

警察直接正面地告知被审讯人，他已经被视为本案的犯罪嫌疑人。警察陈述犯罪嫌疑人的犯罪事实，并自信地告知犯罪嫌疑人，警方已经获得对其不利的证据。

2. 展开审讯主题。

审讯人员根据情感型犯罪嫌疑人与非情感型犯罪嫌疑人各自的特点，推测出其实施犯罪行为的原因：给犯罪嫌疑人提供一个道义上为自己开脱的理由。审讯人员可以编造一个关于犯罪嫌疑人为什么会犯罪的故事，通过观察犯罪嫌疑人的眼神，来推测其犯罪的理由。如果犯罪嫌疑人没有否认，审讯人员可将此视为确定犯罪嫌疑人有罪的信号。

3. 阻止否认。

审讯人员打断犯罪嫌疑人对自己无罪的重复或详细说明，打击其自信心，并回到第二步的道义主题上。

4. 反驳异议。

针对犯罪嫌疑人的关于自己为什么没有或不能实施犯罪行为的解释，审讯人员立即予以驳斥。通常无辜的犯罪嫌疑人会继续简单地否认，而有罪的犯罪嫌疑人会感到自己的辩解全然无用，就会变得安静，表现出对积极参与审讯的排斥。

5. 获得犯罪嫌疑人的注意。

此时，犯罪嫌疑人灰心丧气、举棋不定，他可能在思考、寻找一个办法来帮助他摆脱困境。审讯人员利用犯罪嫌疑人的不安全感，装作和他站在一边，如身体上的接近、肢体语言的关心，以此来保持犯罪嫌疑人的注意力。

6. 控制犯罪嫌疑人的消极情绪。

当犯罪嫌疑人变得沉默不语或表现出只听不说的时候，或竭力回避审讯人员的目光时，审讯人员应通过加强与犯罪嫌疑人的目光接触来对付其消极情绪。如果此时犯罪嫌疑人双手抱头、肩膀耸动，表明他可能开始从主题编制阶段向动机选择过渡。

7. 提供选择问题。

审讯人员使用一组选择性问题，催促犯罪嫌疑人在某个犯罪的"可以接受"和"不能接受"的问题上做出选择。审讯人员提供两个截然不同的动机——社会可接受的动机（如"一时冲动而犯罪"），或道德败坏的动机（如"为了钱而杀害了她"）。审讯人员可以加大两种动机的反差，以促使其选择其一。此时，犯罪嫌疑人一旦有点头或者某种放弃抵抗的信号，审讯人员就要加快审讯的节奏。

8. 查明犯罪细节。

审讯人员及时、顺势让犯罪嫌疑人讲明犯罪行为的细节，包括时间、地点、被害人、凶器和实施的动机等，并努力挖掘各种相关信息。

9. 制作书面供词。

提供书面供词，以作（固定）证据。

大多数学者认为九步审讯是根据成功的审讯案例进行深入细致的观察，并结合其他案例信息总结而来的，有很强的司法实践基础支持，在获得犯罪嫌疑人口供方面的有效性已经被众多的审讯实务人员所证明，因而该审讯方法是很成熟的。九步审讯法之所以如此成功，主要是因为恰当地使用了"合理化"和"投射"这两种心理防御机制。这使犯罪嫌疑人在审讯中由于犯罪感和羞愧感增加了自身的内心焦虑，从而容易供述。

九步审讯法具有应用心理学之心理表现与态度转换的机理，但也存在着一些不足。如，九步审讯法本身包括欺骗和谎言策略。审讯人员如何把握心理强迫与欺骗的边界是该技术的关键所在：如果心理威胁的使用不会影响到犯罪嫌疑人的自由意志，那么此策略就是可接受的。九步审讯法需要审讯者有很强的发现嫌疑犯欺骗和说谎的本领；九步审讯法不给犯罪嫌疑人充分说话的权利，要求犯罪嫌疑人放弃米兰达规则（Miranda Warning，美国刑事诉讼中犯罪嫌疑人保持沉默的权利）。

九步审讯法于1992年就由法学家何家弘教授翻译的弗雷德·英博、约翰·里德、约瑟夫·巴克雷合著的《审讯与供述》一书引入我国。由于历史和文化、犯罪嫌疑人情况等方面的差异，我国对九步审讯法的理论与经验方面有某些研究。如是否需要严格遵循其前后程式，在不同类型的犯罪中的差异性与适合性等，但其验证性与总结性尚不充分，也没有被广泛地、系统地应用到实际的刑事讯问之中。

认知审讯法

刑事讯问本质上是犯罪嫌疑人与讯问人员之间的言语互动过程（沟通与说服），其心理机制是犯罪嫌疑人供述心理与讯问人员审讯（策略）心理的互动。

认知成分是个体态度形成与存在的基础，是态度的情绪情感成分、行为倾向成分的先导；犯罪嫌疑人对自己实施的犯罪行为的态度是其在审讯中供述障碍或者供述动机存在的基础。

要使犯罪嫌疑人认知失调、审讯策略对犯罪嫌疑人行之有效，需要把握某些特定的认知成分对转变态度的作用；需要更加注重调动犯罪嫌疑人如实供述的主动性与意愿；需要通过适时增加新的信息（包括证据与特定背景信息）促成其供述动机的形成。审讯实践中常用的认知审讯法有以下几种。

1. 错觉审讯法。

在审讯过程中，审讯人员有意识地把犯罪嫌疑人带入特定的认识误区，使犯罪嫌疑人处于被动的心理地位。如通过提供一条对犯罪嫌疑人不利的信息或设定一个对犯罪嫌疑人不利的事件，使其产生错误的认知。如此，让犯罪嫌疑人误认为，自己的犯罪行为已经暴露，犯罪的证据已经被掌握了，对抗下去已经失去了意义，对抗只会使自己的处境更为不利。

错觉审讯法之所以可以发挥效果，是因为真正的犯罪嫌疑人由于自己实施了犯罪行为，心理存在着明确的罪责感（作恶心虚）。错觉设定的关键在于，在对案情充分调研的情况下，合情合理地将假设的信息"推销"给犯罪嫌疑人；错觉信息的语言运用（表面模糊而实质上有较强的针对性）；用"自言自语"的方法将信息输出。如此，可让"无事生非，无中生有"的错觉信息促使犯罪嫌疑人的主观判断发生变化：犯罪证据已经被掌握，形势对自己越来越不利。

错觉审讯法的运用技巧有假设信息的直接告知、审讯桌上的"空城计"、暗示证据、语言的迷惑性、利害关系的迷惑性、审讯人员神态的迷惑性、假戏真作顺势而为等。

2. 结果审讯法。

结果审讯法，指审讯时跨越设定的前提，直接攻击犯罪目标和犯罪结果的方法。

犯罪嫌疑人在初次接受审讯时，大多数处于被动的心理状态，由于其对犯罪行为的情景记忆的存在，通过审讯时提到或呈现的案件刺激，会自动地产生强大的压力。他们会选择供述（可能性小）或者选择对抗（以更加强烈的、隐蔽的方式对抗的可能性大）。而审讯人员直接提问犯罪的目标或结果，对犯罪嫌疑人的冲击力最大。此时，根据犯罪嫌疑人对犯罪目标或结果的反应，可以对犯罪嫌疑人的供述准备状态进行侦查，同时，能够发现其对抗反应的特征因素（如迟疑、惊恐、立即否定、反驳或者沉默不语等）。如凶杀案件中，审讯人员单刀直入地问："被害人现在在哪里？你杀人用过的刀放在哪里？"对贪污犯罪嫌疑人直接问："你在银行里那么多的存款是哪里来的？"对冲动性伤害犯罪嫌疑人直接问："你觉得你打伤的人现在有没有死亡的危险？"，等。言下之意是，公安机关已经掌握了犯罪行为发生的过程，现在只是对质行为细节与结果。其中，在对犯罪嫌疑人对犯罪结果的反应的判断中，反应时间是重要的信号指标：真正的犯罪嫌疑人反应时差比较长（有迟疑与思考后谨慎对答的时间值），无辜的犯罪嫌疑人反应时差比较短（立即回答）。对于那些对抗强烈的犯罪嫌疑人，还可以使用"如果……那么……"的提问句式来提示其犯罪结果。相应地，对有较大嫌疑的犯罪嫌疑人，审讯时应该立即对其否定和辩解进行阻止，并及时地对其犯罪目标、结果进行有针对性的攻击，增加其心理压力（使其形成"犯罪事实已经为审讯人员确凿掌握"的印象），以促成其向如实供述方向转化。

3. 动机审讯法。

大多数犯罪嫌疑人（尤其是犯下重罪者）对于与犯罪结果相关的行为过程与细节（作为犯罪事实的构成部分）的防卫非常强烈，当审讯提及或可能关联到犯罪行为要素时，一般会或否认或环顾左右而言他或沉默对抗。此时，如果审讯人员暂时回避犯罪的细节，而与犯罪嫌疑人探查或解析犯罪背后的原因或动机，犯罪嫌疑人的对抗警觉性、防卫性会显著降低，因为这也是犯罪嫌疑人需要被人理解而倾诉的需要（虽然倾向诉的对象是审讯人员，但犯罪嫌疑人潜意识也会被缓解紧张的需要所驱使）。法律惩罚的是以犯罪事实、犯罪证据为基础的犯罪行为，犯罪嫌疑人对犯罪原因、犯罪动机的防卫较弱，有时犯罪原因与犯罪动机是其犯罪合理化的托词。在这种"前卫防范"严密，而"后卫防范"稀松的情况下，动机审讯法是合理的选择。只要犯罪嫌疑人承认或部分承认了犯罪原因或动机（即使是犯罪合理化的解释），其心理防卫线就出现了缺口：承认了犯罪原因、动机，就等于承认了犯罪原因、动机驱使下的犯罪行为。当他们"合理地"解释了犯罪行为的原因，犯罪行为事实的如实供述只是一段时间内内心动机冲突后的"水到渠成"。期间，一个重要的信号，就是在解释犯罪原因、动机之前，或供述行为细节之前的"刑罚后果"探风，或者急切寻求审讯人员的"法律帮助与承诺"，这是犯罪嫌疑人心理上已经准备供述的明确信号。

4. 合理化审讯法。

合理化审讯法（策略），是指审讯人员对犯罪嫌疑人实施犯罪行为的原因予以"合理的接受"，从而给犯罪嫌疑人提供一个可以在道德上为自己开脱的理由，或者（暂时）尽量不去贬低、指责其犯罪行为的道德责任。这种方法所要达到的目的，只是使犯罪嫌疑人感到自己在道德上应负的责任小于基于案件事实本身应负的责任，从而使其在消除或减轻内心道义自责的情况下承认自己的犯罪行为。合理化的过程是审讯双方建立一种非评价的、相互信任的关系的过程，以使审讯人员更容易控制审讯的进程与发展方向。

合理化审讯通常采用的方式有：对犯罪嫌疑人表示同情与安慰；降低罪责感；唤起犯罪嫌疑人的自尊。使犯罪嫌疑人把犯罪归结于更容易在道义上被接受的和不太令人憎恶的动机或原因，如把从保险公司赔款中获益的纵火犯罪说成是非故意的行为，把强奸归因于行为人醉酒，把抢劫归因于养家糊口的需要，把盗窃归因于生活拮据，把贪污归因于赌博，等等。只要犯罪嫌疑人承认自己的犯罪行为或把自己与犯罪现场联系起来，下一步就可以根据掌握的证据、犯罪嫌疑人前后口供的矛盾，追问、确定其真正的犯罪原因、犯罪动机。

5. 离间审讯法。

离间审讯法，是指侦查人员利用犯罪嫌疑人之间的矛盾和猜疑心理，挑拨他们之间的关系，造成相互怨恨而揭发犯罪同伙或供认自己罪行的一种讯问方法。

离间法就是挑拨离间，指有意识地制造矛盾、斗争，以达到使其原有稳定关系破裂、获得特定利益的方法。大多数的犯罪人都是利己主义者，在个人利益面临受损或存在风险时，自动地从个人利益出发作出"自我服务归因偏差"的认知判断与行为决策，这是审讯中离间法得以实施的根本基础。而在自己可能遭受重大利益损失，甚至生命、自由受到威胁时，这种同伙间的关系会变得非常脆弱，冲突也会变得更加激烈，犯罪嫌疑人原本具有的理性分析判断能力会出现明显的认知加工阻碍，这是离间法得以发挥作用的认知基础。这正如经济学博弈论中的典型模型——"囚徒困境"中所提示的"在不确定情景下非理性决策"的原理。

离间审讯法在审讯中有时是克敌制胜的良方，主要在共同犯罪中使用，分化瓦解犯罪嫌疑人的攻守同盟，在犯罪嫌疑人的相互对抗中获得犯罪的证据或侦查线索。当得知攻守同盟的一方没有遵守约定（无论是真实的还是虚构的打破约定）时，犯罪嫌疑人就会产生被出卖的心理认知，此时，可引发报复行为，促使双方或多方相互检举揭发，最后达到查明犯罪事实的目的。甚至有的犯罪嫌疑人在利益的驱使下（如为了立功或减轻罪责），会主动揭发同伙的犯罪行为，此为共同犯罪中重要的侦查线索。当然在这个过程中也要注意判别犯罪人可能提供的虚假信息。

博弈论模型：囚徒困境

一位富翁在家中被杀，家中财物被盗。警方在此案的侦破过程中，抓获了两个犯罪嫌疑人（斯卡尔菲丝和那库尔斯），并从他们的住处搜出被害人家中丢失的财物。但是，他们都矢口否认杀过人，辩称是在入室偷窃过程中先发现富翁已经被杀害，然后他们只是顺手牵羊偷了点儿东西。于是警方将两人隔离，分别关在不同的房间进行审讯，由地方检察官和每个人单独谈话。

在面对共同盗窃的两个犯罪嫌疑人时，检察官说："由于你们的盗窃罪已有确凿的证据，所以可以确定地判处你们1年有期徒刑。但是，我可以和你们做个交易：如果你们中一人单独坦白盗窃的罪行，我只判他3个月的监禁，但他的同伙要被判10年刑。如果你拒不坦白，而被同伙检举，那么你就将被判10年刑，他只判3个月的监禁。但是，如果你们两人都坦白交代，那么，你们都会被判5年刑。"

他们面临着两难的选择——坦白或者抵赖。显然最好的策略是双方都抵赖，结果是大家都只被判1年。但是由于两人处于隔离的情况下无法沟通与串供。所以，按照亚当·斯密的经济学理论的策略，每一个人都会自动地从利己的目的出发，他们选择坦白交代是最佳策略。因为坦白交代可以期望得到很短的3个月监禁，但前提是同伙抵赖，这样显然要比自己抵赖要坐10年牢好。

如果对方坦白了而自己选择了抵赖，那自己就得坐10年牢。因此，在这种情况下还是应该选择坦白交代，即使两人同时坦白，至多也只判5年，总比判10年要好。所以，两人合理的选择是坦白，原本对双方都有利的策略（抵赖）和结局（被判1年刑）就不会出现。

这样两人都选择坦白的策略（因此被判5年的结局）被称为"纳什均衡"，也叫"非合作均衡"。因为，每一方在选择策略时都没有"共谋"（串供），他们只是选择自认为对自己最有利的策略，而不考虑共同的利益或者任何其他对手的利益。

在侦查讯问中，在发现或者主动制造犯罪嫌疑人之间的矛盾或利益冲突的基础上，可以巧妙利用各种引发矛盾（心理冲突）的方法来实现此种"纳什均衡"：团伙犯罪中，犯罪成员为了自己的个人利益，供述出自己掌握的、对自己预期结果相对有利的犯罪信息。

情感审讯法

情感审讯法，是利用情绪、情感的力量实现犯罪嫌疑人抗拒态度转换的策略与方法。其中的策略包括对积极情绪的力量与消极情绪的力量的主动利用。

在审讯过程中，有一些通用的情感策略，如对犯罪嫌疑人基本权利的维护、自尊心的尊重，良心道德感的赞许等方法，对被审讯者是普遍适用的。否则，对抗的情绪必然导致或者加强审讯进程中犯罪嫌疑人的对抗、抵触情绪，这在无形中会强化犯罪嫌疑人供述的障碍。

对不同类型的犯罪嫌疑人需要采用不同的情感审讯策略。对情绪型犯罪嫌疑人，由于焦虑、恐惧、失望、悔恨或内疚等消极情绪强烈而明显，心理压力较大，导致交待犯罪事实的顾虑太重，宜采取心理同情和情感感化为主的策略：适当缓解其心理压力，在其获得心理安抚的基础上，通过指明光明道路，促成其供述态度的形成与增强。

对理智型犯罪嫌疑人，由于其原有的心理抵触情绪、对抗倾向强烈，导致持续的抗审动力，宜采取以增加心理压力为主的情感策略。可以通过明确的刑罚威慑、指明犯罪行为的危害性、与类似案件的对比，加强对犯罪嫌疑人的心理强制性控制，辨析利害关系与利益得失，指明可能的出路，促成其渐渐改变态度而供述。

因此，适当地增加情绪压力与减缓情绪压力是针对具有不同心理态度的犯罪嫌疑人的差异性情感审讯法。

一般而言，对情绪型犯罪嫌疑人，宜采取减压策略，在降低其心理防卫压力的情况下，促使其供述；对理智型犯罪嫌疑人，宜采用以案件个体信息以及已经确定的证据渐渐或突然增加的策略，攻击其已经做好的心理防卫，适时地辅之以"减轻、缓解压力的出路"的方向，逐渐地促进其供述动机的形成。

（1）自尊唤醒审讯法。

犯罪嫌疑人也有自尊心，许多犯罪嫌疑人的良知尚未泯灭。审讯人员可以从唤起其自尊心与良知的角度来改变其态度。即虽然犯了罪，但只要老实交待，争取宽大处理，以后不再犯，那么还不失为一个可以挽救的人。这一方法首先是激起犯罪嫌疑人的认知，如其行为对社会的危害，给家人带来的精神痛苦，给自己带来的经济与名誉损害，以此增加其心理压力与罪责感。同时，找到犯罪嫌疑人的"闪光点"（如成绩与荣誉），使其产生强烈的认知失调。此外，还可以为犯罪嫌疑人减少或消除认知失调指明方向与路径：讲政策、指前途、找出路。让犯罪嫌疑人认清现实：如何能减轻对社会、对他人的危害，如何不连累家人，执迷不悟将会终身悔恨。

情感策略与方法运用的前提，首先是犯罪嫌疑人处于侦查机关的控制之下，对人身安全有较大的需求；其次是讯问人员对犯罪嫌疑的生活、工作背景、家庭环境有一定的了解，找到其情感弱点，即可供感化的素材。否则，无的放矢的安抚、同情并不能产生明确的积极效果。

情感感化的形式有行动上的感化和言语上的感化。行动上的感化主要是从生活、身体上关心犯罪嫌疑人，包括为抽烟的犯罪嫌疑人点烟、给穿衣薄的犯罪嫌疑人披上衣服等。言语上的感化包括直接感化和间接感化。直接感化指通过赞美（肯定犯罪嫌疑人的成绩，如从其参加工作至案发客观上为国家和社会做过贡献）、换位思考等方式，表示对犯罪嫌疑人的行为予以理解，从而达到感化的效果；间接感化是通过讲述类似案件中的犯罪嫌疑人如实供述获从宽处罚，或者选择其他表现良好的犯罪嫌疑人宣读悔过书的方式，现身说法来感化犯罪嫌疑人。

因此，侦查人员在讯问时对犯罪嫌疑人过去的委屈、遭遇，及其精神痛苦表示同情和安慰，可以让犯罪嫌疑人认同侦查人员了解其苦衷的做法，而最终促成愿意供述其犯罪行为。

（2）亲情感化法。

亲情是所有人在生活中自然形成的对家人的亲密情感，它对人的态度与行为具有强大的动力作用。在审讯过程中恰当地运用亲情同样可以促成犯罪嫌疑人形成供述动机。

犯罪嫌疑人与绝大多数普通人一样，都不愿意伤害自己的亲人，也不愿意让亲人对自己产生不良的看法。事实上，大多数犯罪行为已经伤害了自己的亲人："你的妻子（丈夫）和孩子知道后会怎么想？""你的孩子会怎么看待他们的父（母）亲？""你这么做怎么对得起生你养你的父母？""事到如今，你还不坦白交待、亡羊补牢，只会连累你的亲人。"此时，审讯员可以向犯罪嫌疑人指出，他所做的事已经伤害了他的亲人，甚至连累了他们，犯罪嫌疑人原有的"我是一个热爱家庭的人""我不是无情无义的人"的认知与"我伤害了我的亲人"的认知产生了严重的失调。审讯员应该及时地帮助犯罪嫌疑人降低失调，指出"只有勇敢地承认自己的罪行，如实交待，争取从宽处理，才能弥补给家庭、亲人带来的伤害，才可能得到家人的原谅"。如此，犯罪嫌疑人在亲情的感召下就可能改变拒供的态度，形成供述动机并如实供述犯罪事实。

亲情审讯法可以在错觉法与心理暗示法的支持下得到延伸、扩展：让犯罪嫌疑人把审讯人员当成"自己人"，来达到说服对方的目的。有些时候，犯罪嫌疑人在案发后会通过"托关系""说情""走后门"的方式来开脱罪行。审讯人员可以利用这种不当的现象，让犯罪嫌疑人误认为审讯人员已经被"疏通"，成了"自己人"，让犯罪嫌疑人"心中有数"。具体做法是，审讯员变换角色,以对方"自己人"的角色出现,让犯罪嫌疑人相信审讯人员,愿意接受审讯人员的信息,以达到说服供述的目的。

情景审讯法

对犯罪嫌疑人的审讯,是在特定的场所与特定的氛围中进行的,主动营造审讯的环境与情景对于无形中增加犯罪嫌疑人心理压力与心理强迫性具有"润物细无声""此时无声胜有声"的效果,这正是情景审讯策略与技术的要义。

(1) 模拟情景审讯法。

所谓模拟情景审讯,是指通过分析推理,找出相似的犯罪情景进行犯罪过程模拟,在审讯中再现给犯罪嫌疑人,进行犯罪事实与其心理事实的确认,以形成心理证据。此方法的主要做法是根据审讯人员已经掌握的部分犯罪情节,加上合理的推理与分析研究,把模拟出的犯罪现场与过程以语言描述的方式再现给犯罪嫌疑人,帮助他将客观存在的犯罪事实与其内心隐蔽的心理事实进行确认。如此,在犯罪事实与心理事实的对接、比较中,从心理上强制犯罪嫌疑人对犯罪事实与心理事实进行确认,犯罪嫌疑人内心隐蔽的犯罪心理事实就可以暴露出来。

犯罪事实是犯罪行为发生的过程与细节,是客观存在的,其本身并不能必然地与犯罪行为人联系起来;犯罪行为人的心理事实来源于行为人的犯罪记忆,也是犯罪人心理证据的来源。审讯的本质就是在已经存在的犯罪事实与隐蔽的犯罪心理之间确立联系,形成心理证据。模拟情景审讯法,是在假定了与该案件高度相似或可能相似的犯罪情景后,审视犯罪嫌疑人的反应(焦虑、紧张或漠然),初步判断该模拟的犯罪情景与真实犯罪情景之间的关联度。其中，常常使用的提问或者探查的语句是"假如该案件当时是这样……发生的，你认为犯罪嫌疑人会怎样处理（凶器或物件）……""如果你当时就在现场，你对被害人会有什么样的感想"之类。

一些国家的司法机关采取模拟情景审讯法时，常常借助犯罪心理画像、模拟犯罪情节等技术手段，通过犯罪嫌疑人对过程与细节的比较确认，达到审讯目的。即通过犯罪现场重建技术、行为证据分析技术，逼真或近似地模拟犯罪过程、犯罪细节，形成强大的、直观的心理威慑力，促使犯罪嫌疑人态度的改变。

（2）暗示审讯法。

暗示是指用间接、含蓄的方式对别人的心理和行为施加影响；暗示往往会使别人不自觉地按照一定的方式行事，或不加分析地接受一定的意见或信念。暗示是在非对抗条件下，通过语言符号、表情、行为、环境因素，用间接、含蓄的方式对别人的心理和行为施加影响的心理操作，具有非对抗性、隐蔽性与针对性的特点。

在外部世界的模糊性与内部认知不稳定的压力下，人们会产生焦虑情绪，并倾向于建立稳定的认知应对策略。认知应对策略有习惯性思维、暗示与理性思维三种方式。在特定条件下，暗示成为个体主动适应外部刺激常用的反应方式。暗示是人类最简单、最典型的条件反射，是一种被主观愿望肯定的假设，它不一定有事实根据，但由于主观上已经肯定了它的存在，心理上便趋向于接纳这项内容。在审讯过程中，巧用心理暗示已经成为获得犯罪嫌疑人真实供述的重要手段。

暗示包括实施暗示与接受暗示两个方面，两者相互联系。审讯活动中，实施暗示者（审讯人员）主动地、自觉地、有意识地希望被暗示者（犯罪嫌疑人）按照其指导的方向行动，以达到影响他的态度（如实供述）的目的。而被暗示者（犯罪嫌疑人）接收到信息后，不是通过分析、判断而接受，而是无意识地按信息的指引行事。一般说来，审讯人员的地位越高，权威性越高、审讯经验越丰富，暗示效果就越好；当犯罪嫌疑人处于焦虑、困惑、不知所措的状态时更容易受到暗示的影响；独立性不强、情绪型犯罪嫌疑人易受暗示影响；女性与未成年犯罪嫌疑人相对更容易接受暗示。

审讯中采用的具体暗示方法主要有以下几种：

暗示用证：用含蓄的语言、故意或不经意地露出已经查获的实物证据，使犯罪嫌疑人意识到办案人员已经掌握了证据而不得不交待自己的罪行。于是，犯罪嫌疑人可能急切地思索："我现在交待，还算不算是主动坦白？"

借势用势：通过一定的语言、行为和气氛，使犯罪嫌疑人形成罪行已经暴露的印象。它是利用犯罪嫌疑人在审讯这种特定环境与特定心理状态下所作出的非理性判断，结合整体氛围造成的错觉促使犯罪嫌疑人尽快坦白的方法。处于被羁押的环境中，犯罪嫌疑人总是希望达到某种愿望或不希望出现某种结果，而他又不可能知晓自己罪行暴露的程度或审讯人员已经掌握的证据。

环境造势：审讯环境的特意安排，如灯光、物品等布置，也会给犯罪嫌疑人的心理带来一定的暗示。如审讯室内昏暗的光线、不稳定的桌椅、桌面上众多的卷宗，都可能引发犯罪嫌疑人心态的波动不安。美国FBI侦探约翰·道格拉斯就喜欢在审讯室的墙上悬挂一些图，图的内容是犯罪嫌疑人被定罪后将面临的具体刑罚。这些无形的压力，时刻提醒犯罪嫌疑注意自己的切身利益，也即"我就是要尽可能使那种如坐针毡的作用越大越好"。

人员造势：审讯团队的组成，审讯人员的外表、行事风格、情绪特征、人格特质，以及具体的行为举止对于审讯的效果具有非常重要的影响力，这种影响力可以是显性的，也可以是隐性的。也就是说从审讯人员的选择以及他们的衣着、举止、神情、仪态等方面着手，在"无意之中"给犯罪嫌疑人特定的信息。在已经形成利于审讯的心理气氛时，立即选择一个与案件有着某种关系的环节，逼其说明原因，往往作为一个有力的突破口，有利于查明犯罪原因、动机及犯罪行为的细节。

冷处理法：这是指突然中断或延时审讯的方法。当审讯不顺利或陷入僵局时可用。例如中断审讯，择日再审或拖延审讯。其原理是基于犯罪嫌疑人与外界信息隔绝，容易出现错误的推断："是不是公安机关掌握了我的事情，怎么不提审我了？是不公安机关在考验我？"不断的煎熬与焦虑会使犯罪嫌疑人按捺不住，往往可带来审讯的转机。这是情景审讯法在时间设置维度上的具体运用。

审讯中常见的另一种情势是，在犯罪嫌疑人即将放弃抵抗的关键时刻，可能有些迟疑或想做最后的抗争，如"让我想一想，明天回答你们"。此时，必须一鼓作气，坚持审讯，直至其放弃抵抗，以防止犯罪嫌疑人经过一段时间的"慎思"（面对犯罪后果）后，或者接受其他犯罪嫌疑人的教唆后，再次采取拖延或者新的对抗策略。

犯罪风险评估与处置：
预知潜在的犯罪者

犯罪心理学作为刑事司法领域的应用学科，其目的是打击犯罪、保障人权，同时，也要为预防犯罪提供切实可靠的策略与技术。犯罪心理预防主要是指及时地预测犯罪风险，发现犯罪征兆，并进行有效的防范与干预。从犯罪风险防控、减少社会危险性的角度出发，预防犯罪胜于打击犯罪的策略是当代刑事政策发展的新趋势。其中，犯罪风险评估就是实现犯罪心理预防实践中重要的途径与技术保障。

1. 评估对象。

评估对象主要是现有的与潜在的犯罪风险者。

那么，谁是犯罪风险者？在监狱服刑的罪犯、在社区的矫正者、刑满释放人员、犯罪后未归案的人员（包括立案的与隐案的犯罪人），以及潜在的可能犯案的人都是犯罪风险者。而风险评估的重点是对监狱服刑罪犯的危险评估。

服刑罪犯的风险主要包括：重新犯罪行为、实施攻击行为、脱逃及准备行为、发生心理疾病、自伤自杀行为、抗拒改造行为等。

2. 如何评估。

这主要是指犯罪风险评估工具。西方国家对犯罪人或者潜在犯罪人危险专业化评估的研究与实践起步较早，也积累了较多的经验以及实效性较强的对策和方案。

以加拿大、美国为代表的风险评估及其基础理论经历了四代演进。

第一代：非结构化的临床判断；

第二代：由静态因子评估组成的精算风险预测；

第三代：静态与动态风险/需求因子的综合精算评估；

第四代：动静态因子风险评估与个案管理策略的结合。

（1）非结构化的临床判断（Clinical Assessment）。

这种评估方式属于主观经验型测评，较有代表性的评估工具是HCR-20（历史、临床的风险管理，Historical, Clinical Risk Management-20）。这是一个针对暴力行为的结构化临床评判的风险评估工具，既可用于患有精神障碍的普通公民，又可用于司法和犯罪监禁中的人。该工具包含20个项目：10个历史的（过去的）问题、5个临床的（最近的）问题以及5个风险管理（未来的）问题。

HCR-20工具具有科学性，既有临床经验的指导又遵循实证获得的规律，因此将其应用于各类人群（暴力精神病患者、社区和监狱系统中的普通公民和罪犯）中均显示出良好的预测力。此工具被业界评价为早期"最著名的、基于实证指导的评估工具"。

（2）由静态因子评估组成的精算风险预测（Actuarial Risk Assessment）。

这种评估工具属于静态分析测评，较有代表性的评估工具是《精神病态症状清单》（PCL-R）。

《精神病态症状清单》(PCL-R)是一个用于指导临床评估、为精神病态患者的诊断提供框架的工具，它由 R. Hare 开发，包含 20 个项目，覆盖人口统计学、犯罪学、社会学和心理学领域。测评分 30 分为临床诊断值。当行为人为 18 岁以下、分值大于 30 分时就会被评定为精神病态倾向。在世界范围内，PCL-R 被视为"诊断精神病态的黄金标准"。但从严格意义上说，《精神病态症状清单》是为精神病态检测而设计的，但其在青少年男性及成年男性的暴力再犯评估中却显示出良好的预测力，因此，该工具广泛应用于临床与司法实践领域。

(3) 静态与动态风险/需求因子的综合精算评估（Evidence-based and Dynamic）。

这种评估中较有代表性的评估工具是北美普遍使用的水平评估量表（LSI-R）。

LSI-R 是由 54 个项目组成的用于评估在成人罪犯中普通再犯（General Recidivism）可能性的危险评估量表，其目的在于对罪犯的个体和环境特征进行评估，以确定罪犯应该接受何种监督和矫治。

组成量表的 54 个项目分布在十个预测因子之下，这些因子既有动态的也有静态的，分别是"犯罪史（10 分）""教育或就业情况（10 分）""财产状况（2 分）""家庭情况（4 分）""住宿情况（3 分）""娱乐情况（2 分）""交往（5 分）""酒精或毒品（9 分）""情感问题（5 分）""态度（4 分）"。累加每一个因子的得分，得分越高的罪犯，其再犯可能性越高。LSI-R 预测效度从结构效度到内容效度都得到了较好的评价。在 LSI-R 基础上修订后的 LS 量表成为第四代犯罪风险测评工具的代表。

（4）动静态因子风险评估与个案管理策略的结合（Case Management System）。

这种评估的代表性工具有犯罪群体再评估量表（OGRS）、罪犯评估系统（OASys）、水平评估/个案管理量表（LS/CMI）与暴力风险量表（VRS），本书简要介绍前两者。

犯罪群体再评估量表（The Offender Group Re-conviction Scale，OGRS）是由英国和威尔士开发的精算类风险评估工具。通过静态因子（如年龄、性别、犯罪类型及过去判刑数量等因素组成的犯罪史）提供一个预测未来两年再犯情况的固定分数。犯罪群体再评估量表在英国的监狱体系与社区矫治系统中得到了广泛的应用，具有较高的实用性。在一般类型犯罪或暴力犯上，信度高的同时效度也相对高，感受性曲线下的 AUC 值接近 80%（0.8）显示出较好的预测效度。[①]

罪犯评估系统（The Offender Assessment System，OASys）是一个结构化的临床评估系统——既依赖于精算的评估方法，又依赖于评估者临床经验的解读，是由英国和威尔士的监狱和缓刑系统共同合作开发出来的风险需求评估工具，也是英国广泛使用的评估工具。OASys 主要用于监狱与缓刑的评估，通过对罪犯的档案、卷宗的查阅以及对服刑人员的当面访谈，获得综合的静态因子与动态风险因子的评估。

可见，犯罪风险评估工具从第一代到第四代的测评效果呈现

---

① AUC（Area Under Curve），指 ROC 曲线（受试者操作特征曲线）下与坐标轴形成面积（数值范围：0.0-1.0）。AUC 越接近 1.0，检测得到的真实性越高。

出信度与效度渐渐提高的趋势，对司法实践来说更加精准而实用。

在第四代犯罪风险评估实践中，重点考查的项目有犯罪的八大风险因子：反社会行为、反社会人格、反社会联系、反社会认知、家庭与婚姻、学校或工作、休闲或娱乐、物质滥用。其中反社会行为、反社会人格、反社会联系与反社会认知是犯罪风险的四大核心因子，是实施犯罪风险评估与预防对策的重点方面。

目前，第五代犯罪风险测评工具正在开发之中，其主要是指神经生物心理模型。

它的基本假设是攻击行为与神经生物心理学基础之间存在对应的关系：试图找到通过精细化神经科学机制以遏制与干预犯罪（尤其是暴力犯罪与性犯罪）的新思路。该模型对罪犯或风险犯罪人的神经心理因素进行评估，能对罪犯未来的攻击行为做出较准确的预测与有效的干预。

例如，情感计算的危险性评估。

危险性评估技术是犯罪心理学的应用技术之一，情感计算的危险性评估正是前沿的、具有挑战性的危险评估方法之一。

在红外摄像仪这类非接触性的检测设备前，一个人只要站立10秒钟左右，检测就完成了，通过后台的 AI 计算，立马就可以得到被检测者当时的情绪、情感所反映的信息。包括这个人的心率、血压、皮肤电、呼吸频率、眼动，以及具体的喜怒忧思悲恐惊等基础情绪，是平静还是兴奋，是紧张还是愤怒，是满意还是充满敌意等社会性情绪、情感也一览无遗。

这项技术现在已经首先在我国部分监狱中的服刑罪犯身上进行了验证性实验。它实际上是传统的测谎技术和微表情、微反应评估技术的有机融合，将即时的面部、身体的生理指标与一个人的情绪、情感反应联合起来，通过人工智能计算和大数据的比对，即刻推算出一个人即时性的心理状态，进而推断出其对周围环境的危险水平。随着数据库规模的扩大，以及学习机模式的不断成长，它的准确性也在稳定地提高，为罪犯心态的及时掌控、犯罪危险性的判断，以及个性化、针对性的改造方案提供了精准的参考信息。这样，只需要对中－高风险的罪犯进行重点管理，对更多的低风险的罪犯只需要日常管理就行了。这对于罪犯在服刑期间的心理健康管理，预防自杀、自残和心理疾病，以及预防监狱内的重新犯罪有着极大的帮助。

现在，我们就可以大胆地想象一下，随着这项技术的日益成熟，其精准可控性得到完善，可以预见到在不久的将来，这项情感计算技术运用在公共场合，进行公共安全预警的场景，在机场、公共交通站，甚至是生活社区中设置特定的安全筛选点，这对于公民、社区居民的安全预警，可以提供快速而准确的安全保证。

当然，这对守法公民而言，可能有泄露个人隐私的担忧，但是只要有法可依、严格执行数据的安全管理，这部分个人权利的让渡也是有意义的。然而，对于那些居心叵测的极小部分人而言，无论是现行的犯罪人，还潜在的坏人，那可是每时每刻、悄无声息地高悬在头顶的达摩克利斯之剑！如此，可以及时而精准地进行预警，消除安全隐患。这对绝大多数人来说、对整个社会来说，还是好处更多的。

3. 评估后如何处理。

评估后的处理涉及风险管控与矫治策略。

犯罪风险评估出中高风险后，就有必要进行危机干预，也就是风险管控预案的启动。此时，也可以实施心理行为的矫治（矫正）方案。那么，如何矫治犯罪心理与犯罪行为呢？

干预犯罪心理与犯罪行为的总体原则——RNR原则（循证矫治的基本原则）。

（1）风险原则（Risk Principle）：风险越高，干预强度越大。

（2）需求原则（Need Principle）：并非所有需求都会导向犯罪；评估重点关注会导致犯罪的（动态性）需求。

（3）反应性原则（Responsivity Principle）：实践证明认知行为法干预效果最好（无论是在监狱机构还是在社区矫治环境中）。

第一，心理动力学的心理矫治。

心理动力学理论根据神经症性冲突（本能冲突与强烈的焦虑感、挫折感）、罪恶感或者超我发展的失败来解释反社会行为，但作为一种治疗方法的古典精神分析，其主要集中在神经症性冲突方面，关键的因素是治疗人员对治疗对象过去的调查、移情和治疗人员的解释，并通过治疗人员对冲突的解释、平复工作，获得顿悟或自我认识。在刑罚环境中，经典精神分析的应用（如释梦、自由联想）是较少的，但具有心理动力学取向的方法已经被用于犯罪人的个别治疗和集体治疗，它常常出现在对于犯罪人深度的认知"咨询"上，或者是由专业的心理分析人员进行计划性较强的心理分析治疗，或者更可能是作为其他心理治疗较后续阶段的强化与巩固（如作为行为疗法最后阶段的强化与必要补充）。在犯罪人的对象上，心理动力学的一些矫治方案与技术也更倾向于适用于文化知识背景较好与认知领悟倾向较为明显的对象。另外，其矫治的效果虽然不是特别直接、明显化，但是，一旦犯罪人在心理分析技术的引导下领悟到了犯罪的动机、实质与其不可避免的消极后果，其心理及行为矫治的效果均可以是较广泛而持久的。

第二，行为主义的心理矫治。

行为主义倾向的心理及行为矫治以经典的条件反射与操作性条件反射原理为基础，以犯罪人的行为为直接目标，期望通过外部行为达到行为与犯罪动机的阻止与犯罪心理的改造。此种倾向的犯罪人矫治，典型而集中地体现于系统行为矫治计划中的代币制方案之中。

20世纪六七十年代，世界各国的矫治机构先后建立了许多形式的代币制方案。在矫治机构中实行的刺激（条件）－行为－结果相倚的管理方法普遍采用代币强化法的形式。代币强化法是一种以行为主义条件反射原理为基础的行为矫治方法，即以"代币"为强化物，塑造所需要的行为模式，消除不需要的行为模式。在欧美等其他一些国家和地区，代币强化法被用来矫治犯罪人，其奖品不但有日常生活所需要的物品，还有减少刑期等制度激励，从而达到培养犯罪人良好行为习惯的目的。

代币强化法的具体使用步骤如下：

（1）行为分析。对犯罪人的犯罪行为及监狱生活准则进行全面分析，明确应当治疗和矫治的不良行为习惯，并将对这些不良行为习惯的治疗措施纳入监狱生活准则之中，建立一套完备的、能够矫治犯罪人不良行为习惯的监规纪律。

（2）目标制定。将监规纪律具体化为犯罪人一日之内在吃、穿、住、行等各个方面必须达到的行为目标，使犯罪人在生活的各个环节上都有章可循，有明确的努力目标。

（3）奖励规则。在确定犯罪人努力的目标之后，应当制定详细的奖励规则，使犯罪人了解到其行为表现达到何种程度才能受奖以及受什么奖励等，为行为评定确立标准。

（4）行为评定。根据所制定的目标和奖励规则，对犯罪人每天的行为表现进行评定、记录，例如，记上分数、标上小红旗、发给代币、奖券等。

（5）定期兑现。可以按周、月、季度、年等时间间隔，对标明犯罪人改造情况的代币或分数进行兑现，例如，兑现实物，提供优惠权利（看电视、看电影、听音乐、散步）、减刑等。

自20世纪80年代中期以来，代币强化法在我国罪犯改造活动中已经有较多的运用（如"分级处遇制"），所使用的"代币"通常是作为强化物象征的分数。通过强化物的引导与控制，达到对犯罪人的行为及心理的重新塑造的目的。司法实践中，虽然对其远期效果存在着不同的看法（包括忽视对犯罪人深度心理的批评与技术上的改进方案等），但是，这种代币制对于目标行为、犯罪人自我管理、规则服从、劳动改造与教育活动都具有直接的、较明显的影响力。

第三，人本主义心理学的心理矫治。

虽然不太确定所有的"对犯罪人心理咨询"计划是否全面贯彻了人本主义原则，但不可否认的是，20世纪80年代以来对犯罪人的"咨询"计划的确普遍性地体现了人本主义的理念。这些咨询计划将治疗策略集中在意识层面的自我认识（如自我价值、自我潜能与理想目标等），其咨询与治疗的重点是当下的问题，是通过对自我选择的训练和个人责任感的磨炼而促进个人成长。

罗杰斯的当事人中心疗法是人本主义心理治疗的典型，相似的方法被用于一些较新的疗法中，例如现实疗法和相互作用分析，它们在美国的犯罪矫治环境中已经得到普及（称为对犯罪人的人本倾向的心理学服务体系）。现实疗法试图在积极主动的、指导性的治疗人员的指导下，发展满足个人需要的现实主义的和负责任的生活方式，而且，治疗人员鼓励（犯罪人）行为转变计划的实施。

第四，认知疗法的心理矫治。

认知疗法是 20 世纪六七十年代在克服精神分析疗法与行为疗法某些缺陷的基础上发展起来的心理与行为矫治技术。认知疗法主要通过三种途径改变人们的认知：发现现存的信念与事实之间的矛盾；改变信念的建构系统；对认知加工过程中的不合逻辑之处达到领悟的程度。在罪犯治疗中对认知疗法的应用，主要是按照认知重建与认知技能训练这两种模式进行的。认知重建模式中，认知干预活动的重点是转变治疗对象的信念、价值观和态度，如合理情绪疗法和思维错误矫治技术。而认知技能训练模式中，认知干预活动的重点是改善认知过程，即推理的结果与形式，而不是推理的内容。在探索性地采用道德推理训练的方案中，借用道德两难问题或情境，经由治疗团体成员与治疗对象共同的由浅入深的思索与针锋相对的对质来提高犯罪人的道德水平，提升犯罪人或潜在犯罪人的道德认知、道德情感、道德意志，以期在人的较高意识层面上对抗、抑制犯罪欲望与犯罪动机。

在美国一些监狱中使用的具有更多的人际取向的方法是相互作用分析技术。这种分析技术通常依靠集体背景，在这种背景中，研究者带有促使行为之间更健康地相互作用的目的，采纳"我行——你也行"的态度对异常行为中的相互作用进行考察。这实际上是行为主义与认知心理学倾向相结合的认知行为疗法。犯罪人在不成熟的发展水平上活动，通过依靠社会"游戏"回避真实的问题，而矫正人员期望对这些人进行的集体暴露，可以促成个人的成长与独立。

第五，探索性的犯罪神经学矫治。

进入20世纪90年代，现代认知理论与神经科学紧密融合，在新的生物技术（以 EEG、PET、fMRI 为代表）的支持下，重点开展了针对严重的暴力犯罪、性犯罪（如恋童癖）、变态犯罪的神经机制的探索，并探索了一些神经治疗方案，如正在北美进行的"分流措施"（即对于轻罪的犯罪人，如果其自愿参加一项与认知行为法相结合的神经康复训练后，经过评估，不会再对他人、社会具有风险，则视为刑罚执行完毕）。它与第五代风险评估工具（神经生物心理模型）相配合而发挥作用。对犯罪人的神经治疗仍然处于探索阶段，并具有一定的犯罪遗传学、犯罪伦理学的风险。它依赖于人们对违法犯罪机理的全新认知水平及应用技术，不可否认的是，这是一项具有前景的探索。

由此可见，在精神分析、行为主义、人本主义心理学以及现代认知学派的理论指导下，对罪犯进行的心理矫治采取了各不相同的策略与技术：行为主义以代币制、行为合同为代表；精神分析以探究本能与心理创伤为核心技术路径；认知疗法强调改变犯罪思维模式；人本主义心理学则以开发潜能（人际技能训练、帮助适应社会）为导向。而在新神经技术支持下的生物疗法则开辟了全新的、具有挑战性的神经科学治疗方案。实践证明，它们对犯罪心理与行为的矫治、治疗起到了一定的效果，但是也都存在着一些不足。当前，将各种矫治理念与策略综合性、区别性地应用可能是一种整合性的、合理的方案。

4.我国罪犯风险管控的探索与实践。

传统上，我国对罪犯实行的是经验化管理的模式，以劳动改造与思想教育为主要内容。

自20世纪90年代以来，在现代化文明监狱建设中，全国监狱系统开展了全领域的罪犯心理咨询与行为（心理）改造活动，将经验式管理与司法心理学的原理紧密结合，进行务实的实践，开展了有针对性的循证矫治的研究与探索；同时，将行为矫治技术延伸到社区矫治中。其中，以行为主义理论为基础的分级处遇制、行为合同法与认知行为法得到了广泛的应用，并取得了一定的实效。

2006年开始，以中国罪犯心理测试量表—个性分量表（COPA-PI）、罪犯风险评估量表为代表的研究成果，标志着循证矫治观念——心理工具评估与策略在心理改造中的成功应用。

2017年开始，我国开始了对罪犯风险动态管理AI系统的探索与实验性应用：神经—心理智能评估与改造，干预的个体化、精准化、预测性的系统方案。如情感计算的危险性评估方法已经在我国部分罪犯中进行了验证性的实验。

在大数据智能化心理测评干预系统中，实现了从神经检测到心理测评、干预相结合的一体化解决方案,具体体现在以下几方面。

神经生物检测:指向神经系统的结构与功能检测,以及特定基因缺陷类型与激素的检测。

心理量表检测:指向以人格特征(气质、性格与能力)、心理障碍为核心的心理评估与情感计算。

生活史与他评:个体成长经历,尤其是童年早期与青春期的心理创伤事件的追溯,以及对重要行为、事件的客观性评价。

智能化模拟犯罪人或潜在犯罪人的思维模型与情绪情感状态。

智能系统(匹配)推断犯罪人或风险人在特定条件下的行为概率。

智能化启动对风险人物的干预策略与矫治方案:如危机干预方案、认知方案、情绪情感方案、行为干预方案、神经学干预方案,以及回归社会方案(可直接关联到社区矫治)等。

可见,在现代信息技术的引领下,犯罪风险的预测与干预中人工智能(AI)、学习机技术与心理学理论模型支持下的自动化策略匹配,将发挥越来越重要的作用。

而在犯罪风险干预中,犯罪风险测评、犯罪心理与行为矫治需要紧密地结合:风险评估是预测犯罪风险及罪犯心理行为矫治的前提与基础;只有犯罪心理得到根本性的改变,其犯罪行为的动力才能得到消除,从而其行为才能真正地得到重新的社会化塑造。其中,犯罪风险评估的科学性与准确性,以及犯罪观念、犯罪动机、犯罪人格矫治是犯罪心理对策关注的核心维度。

弑母：
极度危险的精神病态

2015年7月10日，大学三年级学生吴某某经过精心的预谋设计，以极端原始的暴力方式将自己的母亲杀害。他在周密处理母亲的尸体之后，按既定的设计方案潜逃，三年后，吴某某在重庆机场被抓获归案。

吴某某是一个什么样的人呢？可以从以下三个方面来分析一下。

他有着怎样的内心世界？

他的犯罪动机是什么？

是什么原因造就了这个冷血的犯罪者？

这个世界上总有极少数的心理变态者，他们会做出人性泯灭的事情来。

这些极少数人的罪行往往让绝大多数人感到无比震惊，但是犯罪人自己却浑然不觉。早在19世纪后期，一些临床精神病学者就描述这些人是"没有疯狂症状的躁狂症"患者，是"悖德狂"，也就是没有基本道德感的人。后来临床心理学划分出"反社会型人格障碍"（ASPD）这一变态心理类别。而且，在这一类别中，还有更为极端的一个亚类型——精神病态（psychopathy），他们不是精神病患者，但是具有很像精神病的症状。

这类特殊的人有两个方面的典型的核心特征。

第一，在人际关系方面，在本质上，他们对绝大多数人是很冷漠的，他们的内心是冷酷无情的。但是在表面上，他们伪装得很好，让人觉得他们一点也不像坏人。

第二，在行为模式上，他们追求刺激和冒险，这称为"刺激寻求"倾向，就是冒险刺激的事情对他们有强大的吸引力。相应地，在性情方面，他们的性冲动强烈，性生活不符合常规，较为混乱。

那么，吴某某是不是这样的精神病态者？

第一，在从小到大的各方面表现中，吴某某好像并不是情感麻木的人，反而是一个受亲友、老师、同学、邻居喜欢的男孩。但是，从预谋杀害母亲的处心积虑、准备杀人分尸工具、暴力杀害母亲、冷静地处理尸体、安装监控设备，到制订周密的逃跑计划等方面来看，可以确定无疑地判断他具有冷酷无情的人格特征。这样看来，在中学时期，他冷酷的心态应当是正在累积发展中，或者被母亲的强制管教所压抑，还没有达到明显扭曲的阶段。但是在大学期间，其冷酷无情的人格特质已经形成，他对大多数人本质上是麻木的，这也是这个看起来高智商的吴某某在大学期间没有交女朋友的潜在原因。他的伪装性也很好，所以，案发后，所有认识他的人都不相信他就是弑亲凶手！

第二，追求冒险刺激的生活，吴某某在大学期间与性工作者有深度的交往，甚至还有大张旗鼓的求婚行为；他在逃亡期间主动选择具有色情色彩的工作，这些举动表明他正在极力地追求过上冒险刺激的生活。

这样看来，吴某某确实很像一个精神病态者，杀害母亲是其精神病态的一种表现。实际上，这种人干出任何伤天害理的事情来都是符合他自己的逻辑的：彻底地清除自己生活中的障碍，为自己的欲望而活着就是他唯一的逻辑。因此，可以把吴某某看作一个非典型的反社会型人格障碍者，一个升级版的反社会型人格障碍者。他不仅有严重违背道德感的反社会行为，更是一个内心冷血、冷酷无情的极度危险分子。

那么，具体来说，他杀害母亲的直接动机是什么呢？

吴某某的母亲是一个严谨而刻板的中学老师，吴某某和其母亲之间是什么样的关系呢？是一种特殊共生的性情关系。母亲把他看作自己的精神财富，是自己向别人展示的、引以为傲的资本，也是自己永远不会放弃的精神宝贝。而进入大学上学之后，吴某某久久被压抑的自我意识开始觉醒与膨胀，病态人格逐渐形成。他一方面被迫保持着这种共生关系，比如必须每天保持和母亲的通讯联系；但另一方面，他又潜在地、极力地排斥这种共生关系。面对自己蠢蠢欲动的性意识和反叛情感，他只有彻底摆脱母亲的精神约束才能放飞自己的病态欲望，否则，无论如何也无法面对有"道德洁癖感"的母亲的精神冲击。也就是说，吴某某偏执地认为，只有通过毁灭的方式，让母亲完全地消失，他才能纵情释放自己的欲望。而且，他采取了原始的、血腥的暴力方式杀死母亲，表明了他潜意识中对母亲强烈的敌意和否定。

2020年12月24日，在第一次法庭审判中，吴某某辩称自己是为了让母亲解脱而杀害她，并且也做出了所谓认罪的表示。这是犯罪人试图利用自己的智商和专门知识为自己脱罪的表现。或者说，他这是表面的认罪，是高智商支持下的伪装行为，以获得法庭和公众的同情。具体来说，行为人试图以虚假的扩大性自杀或怜悯性自杀来为自己减轻罪行。

扩大性自杀是少数抑郁症患者的病理性举动，他们会在自杀前将年幼的孩子或需要赡养的老人杀死，以减轻他们的痛苦。如果是扩大性自杀，为何吴某某在实施杀害行为之后没有自杀的举动，也没有自首的意图？为什么他事先准备了多张假身份证并精心设计了潜逃计划？为什么他还准备了现场监控设备？等等。这些举动都不能印证其事先有扩大性自杀的任何动机，反而明显地证明他有预谋地加害，并试图逃避打击的强烈意志。

所以说，吴某某杀害母亲的犯罪动机，是共生性情关系下的个人性情欲望：是为为摆脱母亲的精神约束，是为了彻底的本能放纵。

顺便说一下，吴某某为什么会在杀害母亲半年后用短信息提示亲属，母亲可能遇害了呢？其中一个原因是，犯罪人具有短暂理性恢复的可能，内心也有一些挣扎，他对母亲有一种既爱又恨、爱恨交加的矛盾心态，这就是精神分析所谓的"犯罪情结"。那时，在理性中一丝尚存的悔意和罪恶感，促使他有意无意中向家人提示这个罪恶，也是为什么他选择在2月14日"情人节"当天发布这一消息的缘由。

第三，为什么犯罪人会形成这样的病态心理和本能性的犯罪动机？

这种病态心理与本能性犯罪动机的形成中存在着相互影响的

两个方面的因素。

首先，显性的原因，是青春期危机下母亲压迫式的管教。母亲以自己的精神财富为基本定位与目标，严厉地驱使儿子取得学业上的成功，以为儿子也在享受"学霸"的表面光环。实质上，吴某某从小学开始，内心就一直承受压力的累积，但是在强大的压力下他不能反抗，也无力反抗。而此期间，父亲的去世这一强烈的创伤性事件，大大地助长了这种压迫的消极后果。虽然他在学业上也确实有骄人的成绩，表面上也循规蹈矩的，是一个十分听话的孩子，但在事后来看，这些更可能是一种"精致的面具"，其人格面具是做给别人看的。在这一过程中，吴某某所具有的高智商帮助他顺利地实现了这种令人称道的面具展示。

其次，隐性的原因是家族遗传负因。来自父系家族的消极生物因素是吴某某人格变态的生物基础，这可以从他近亲属的精神疾患现状中得到印证：他四个姑姑中有三个姑姑都有不同程度的精神疾病。这样就可以大概率地推断，吴某某至少携带隐性的遗传负因。因此，在青春期的压迫式管教的刺激下，这个遗传负因成了现实精神疾病的影响因素。

从犯罪行为发生和精神疾病的机理上推测，这种消极的生物因素较可能出现在大脑边缘系统的杏仁核和前额叶的眶额部。杏仁核的基本功能是产生恐惧体验，其功能缺陷会导致行为人没有正常的恐惧感，其本能欲望却会反向增强；眶额部是人的道德情感中心，其功能缺陷会导致行为人缺乏基本的道德感而冷酷无情。

也就是说，在其家族消极生物因素的基础上，青春期遭受强烈而持续的压力导致了精神病态这种特殊亚类型的反社会型人格障碍形成。

一般而言，这种精神病态人，其性本能和攻击本能都很强大，且没有恐惧感和罪恶感；其智力发展良好而道德感缺乏、冷酷无情，这就共同形成了犯罪人本能性犯罪的强大动力，他们是极度危险的潜在犯罪人。

吴某某就是这样的人，以"冷酷无情"为核心特质的精神病态是他的人格面貌，性情欲望则是他杀害母亲的犯罪动机。

2021年8月26日，人民法院依法对被告人吴某某故意杀人、诈骗、买卖身份证件案进行一审公开宣判：被告人吴某某犯故意杀人罪、诈骗罪、买卖身份证件罪，数罪并罚，决定执行死刑，剥夺政治权利终身。

哲学家尼采说过：人是一根绳索，它联结动物与天才。

吴某某，就是一个在原始动物与天才之间摇摆的幽灵，是丧失了人性的聪明人，也是没有疯狂症状的"疯子"，是一个典型的悖德狂。

他就是精神病态导致的本能性犯罪人！

弑妻七宗罪：
嫉妒与病态控制的欲望

每年的 10 月 2 日是国际非暴力日。为什么设立这样一个特殊的日子？就是要提醒人们共同防范各种各样的暴力行为。当今世界，每年大约有 50 多万人死于直接的暴力冲突，平均每天有 1500 多人因暴力行为而死亡，其中的家庭暴力就是现代社会中持续滴血的伤痛。

2020 年 9 月 14 日，一个网名为"黑姑娘拉姆"的美丽姑娘，在直播时间被突然闯进家中的前夫唐某拿刀架在脖子上，用汽油泼洒后纵火焚烧，造成全身 90% 面积的烧伤。一个淳朴善良的姑娘就这样在凄惨的呻吟中离开了人世！

拉姆与丈夫唐某是青梅竹马伙伴。两人十七八岁就相识，在一起生活十多年了，共同育养有两个儿子。

通过短视频社交平台，人们认识到了这个漂亮淳朴的藏族姑娘。她的生活很穷困，却总是带着笑容，一看就知道是一个非常热爱生活、阳光向上的人。

然而，她丈夫的脾气却越来越差，稍有不如意就对拉姆拳脚相向。拉姆的家人去找唐某理论时，唐某都会当面向拉姆道歉，而每当家人离开后，则又是一通狠狠的毒打。忍无可忍的拉姆与唐某协议离婚了。之后的家暴还有多次的反复，而且唐某的暴力行为变本加厉，在第二次复婚之后他们又一次离婚了。

积极生活的拉姆在网络平台上的短视频越做越红火，她的生活仿佛回到了正轨。谁能想到，9月14日上午，唐某带着一桶汽油和一把刀闯进她的住所，用最暴虐的方式杀害了这个年轻美丽的姑娘。

在全世界范围内，类似的惨案也不时在上演。

那么，是什么力量驱动着杀妻、杀女友的男性犯罪人做出如此恶行？

这种邪恶的力量来自哪里？

通过对众多真实案件的分析，可以归纳出以下七个方面的犯罪动机。

1. 嫉妒。

在提及杀妻/杀女友动机时，最常见的动机就是嫉妒。嫉妒者是绝望的，他们认为自己即将失去这份美好。对此，嫉妒者的心态是："我不能得到的，别人也不能得到。"正如杀人者唐某，他之所以这样做，就是因为嫉妒。在唐某看来，曾经亲密的人过得好，在网络上有这么多的人喜欢拉姆的纯朴、善良和美丽，而自己过得不好，自己曾经拥有的也已失去，心里就有强烈的嫉妒感。

这种杀妻动机，一般由嫉妒开始，不断升级为强烈的占有欲。这种人常常疑心很重，当他们听说妻子或伴侣出轨的传言后，很容易相信这是事实，也很容易快速地将嫉妒转化为暴力的伤害。

当然，现实中也确实存在婚外情或者三角恋、多角恋关系。当丈夫、男友发现妻子、女友出轨时，尤其是发生了身体出轨时，自然的反应便是勃然大怒，在愤怒的激情作用下，往往也是发生伤害、杀害行为的高危时间。

2. 病态的控制欲望。

这些人把自己的妻子或者女友完全当成自己的私有财产，有绝对占有的意识。这样，当妻子或女友提出分手时，杀死她们就是唯一的选择了。大家可以联想一下，电视剧《隐秘的角落》中，张东升是不是这样的角色：妻子是他最为宝贵的财产，为保护这宝贵的财产，他也作出过许多的努力；当最终发现妻子不爱自己了，他的宝贵财产将要落入他人之手时，他可以毫不犹豫地、有计划地谋杀了她，也包括迁怒于她的父母，并一起杀害他们。

我们回到现实的惨案中，杭州杀妻碎尸案犯罪人许某利是不是如此心态？是的，只不过这种病态控制的欲望，加上他具有的冷酷无情的人格特质，导致他不仅在家里杀害了妻子，而且还花上十多个小时碎尸。

这种病态控制妻子或女友的心态，往往和这类人的反社会人格有密切的关系。他们内心极端的自私自利，加上道德水平极低，使得他们容易作出残忍的事来。对于这种想通过控制他人获得满足感的人来说，谋杀是实现控制的终极手段。通过让一个人物理性地彻底消失，他们实现了对伴侣彻底的控制。

3. 男子气概塌陷的愤怒。

在父权社会里，有的男性被灌输了一种男权观念，即偏执的男子气概。在特定的带有消极文化的氛围中，包括家庭、教育、媒体也似乎鼓励男性有支配的、霸权的气质，在团体中要有绝对的领导地位，在择偶中也要"征服女性"。对女性伴侣的谋杀就是他失去男子地位的极端结果。比如说"自己输给了妻子，没有脸面"，"自己没有本事，没法养活家庭"等，都会对这些男性身份造成强烈的威胁。

2009年11月23日的晚上，北京大兴灭门惨案的凶手李某，擦干身上的血迹，丢下了父母、妻子、妻子的妹妹，以及两个亲生儿子共6具冰冷的尸体，踏上逃亡之路。

被抓获后李某自己供述，主要是因为妻子过于强势，做生意比自己强，更有本事，也不支持自己做冒险的投资，让他感到了不能逾越的压力，甚至被压抑得无法呼吸，自己也没有一点点脸面。这样，在多次家庭矛盾之后，在愤怒中引发了一次针对全家人的杀戮。

在这种毒性观念的影响下，男性会感到巨大的屈辱和愤怒，让他们觉得自己"有必要"用极端暴力的方式找回所谓的自尊和权力感。

4."失去自我"后的报复。

一些男性杀人犯，在亲密关系中是软弱的，女性伴侣是独立而强大的一方。这些男性感到自己软弱无能，只有通过伴侣才能感受到自我的价值。而一旦发现伴侣要离开，他们就会感到自己的一部分会随着她们的离去而垮塌，于是便用极端的方式确保伴侣不能离开自己。

1993年10月8日，作家顾某杀死了想要离开他的妻子，然后自缢身亡。因为长期以来，妻子已经将丈夫惯成了一个纯粹的"巨婴"，如果离开了妻子，顾某几乎没有生活能力，失去妻子就如同失去言语能力和失去自身一样。在情感背叛的刺激下，他坚决地举起了杀妻的斧子,也毁灭了自己。

也就是说,在这样的杀妻惨案中,杀人者自身的软弱反而极化成为控制力的源泉。他们内心的绝望越深,产生的反向攻击的力量就越强大。最终的谋杀,只不过是完全的软弱和失败之后的宣泄,也是一种极端的自我毁灭的表达方式。

5. 扩大性自杀。

抑郁症是一种情感型精神病,其中重度抑郁症患者中有20%的人会感到生命毫无意义而选择自杀。而且,有一些抑郁症患者在自杀前,会想到自杀后自己的配偶、父母、子女可能遭遇不幸或者痛苦,为了让对方免于伤害而杀害对方。这种情况称为"扩大性自杀"或者"怜悯性自杀"。他们认为,杀死妻子、女友或者需要抚养的子女、需要赡养的老人是为了他们好,是帮助他们解脱,使他们免于日后的痛苦。

可见,扩大性自杀的实施者由于受到重度抑郁症的影响,出现了病理性的逻辑和判断,认为终结对方的生命是对待对方最好的方式。

6. 酒精或毒品作用下的冲动性杀人。

有的杀妻行为常常发生在家庭冲突升级的情景中,丈夫借酒浇愁,甚至吸食毒品,其行为处于病理的激动状态中。如果此时,妻子的言语或行为也很愤怒,丈夫就有可能发生狂暴行为,在冲动中杀死对方。这和家庭矛盾的长期积累有密切的关系。所以,许多的杀妻案件中,杀人者都有过长时间的虐待妻子的行为,其杀害行为通常伴随有酒精或者毒品的作用。一般来说,这种人往往伴随有边缘性人格障碍,他们的内心极端的自私自利,平日里的习惯性行为就很冲动、很残暴。

7. 妄想性谋杀。

这是最为残忍的，没有任何理性逻辑的杀妻行为。

有的精神病患者，会伴随妄想或者幻觉。比如，有一种妄想叫被害妄想，也即坚信妻子已经背叛自己，或者已经被他人控制要加害自己或自己的家人，必须除掉她才能保护好自己或家人，他觉得杀死她并不是什么罪恶的事，反而是一件合理的事情。

每一起杀妻、杀女友案件的动机都是不完全相同的，但总体而言，对妻子或者女友的凶杀很有可能是多因素共同作用的结果。例如，在妻子选择离开后，出于嫉妒、男子气概的考虑，双方冲突升级，最终男性实施极端的暴力杀害，并且会辩称妻子出轨或者有其他过错等，以此来降低自己的罪责感。

其中，强烈的嫉妒感、病态控制的欲望、失去男子地位的恐惧和愤怒是导致杀妻、杀女友的主要动机。

这就是杀妻犯罪中潜藏的七宗罪——七种犯罪动机。那么，亲密关系中暴力行为发生前有哪些危险的征兆？

在全世界范围内，男性杀害女性伴侣的案件数量，大约是女性杀害男性伴侣的六倍。在我国现阶段的亲密关系中的暴力凶杀案件中，女性杀人者仅占相当小的一部分，也就是说，绝大多数杀人者都是男性。从某种程度上讲，在各种暴力犯罪现象中，亲密关系反而成为了最危险的关系。

在杀妻、杀女友的案件中，凶狠的犯罪人各有各的动机，但是，他们也存在着相同或相似的特征。

正如藏族姑娘拉姆被前夫残忍杀害的案件中，施害者和被害者也基本符合研究者描述的众多家庭暴力案件中的典型人物特征。

杀妻者特征：

大多数是年龄在 35～39 岁的人，即他们比实施非致命暴力行为的男性年龄更大一些。

生活经历方面，他们在幼年时期多有创伤经历，例如经历家庭暴力、目睹家庭暴力等，一般来说是涉及爸爸对妈妈的暴力。

精神状态方面，他们大多精神不稳定，甚至不正常。例如有精神分裂及妄想症，有抑郁症等其他精神疾病。

就业方面，他们中的相当一部分人处于失业状态，这种状态更可能引发强烈的挫败感。

生活方式方面，这种人很可能有长时间的酒精依赖、毒品成瘾问题。

被害者特征：

15～35 岁的女性比其他年龄的女性更容易遭遇侵害。

在试图离开伴侣或处于离婚、分居状态时，面临的危险较大。

犯罪心理学研究表明，一大部分的杀人犯在最终杀害伴侣之前，就曾经对伴侣施加过一次或者多次的暴力行为。研究亲密关系暴力的专家 J.Campbell 教授曾指出，至少有 70% 的杀人犯在最终杀害伴侣之前，曾经对伴侣施加过亲密关系暴力。

据此，有的研究者设计了《危险评估量表》，用来评估已经受到虐待的女性被亲密伴侣杀害的危险程度。例如，Campbell 设计的《危险评估量表》(2019)。

北京大学医学部的研究团队设计出了适用于我国人文环境及人情关系的《危险评估量表》(麻超等，2012 年)。对照得分标准，可以评估自己在亲密关系中的危险程度。

此《危险评估量表》包括九个情景性问题，测评的方法很简单：符合的得一分，不符合的不得分。该量表包括的问题如下。

（1）他威胁要杀你；

（2）你相信他会杀了你；

（3）他控制了你大部分的生活；

（4）对你有暴力行为，并且经常性的有妒忌情绪；

（5）他曾经扬言自杀或者尝试自杀；

（6）他说过"要离婚就一起死"这样的话；

（7）他曾威胁要伤害你的家人，以阻止你离开他；

（8）你相信他会在两个月内伤害你的身体；

（9）在关系不好后，他对你有跟踪或者监视行为。

得分及对应的危险程度如下。

如果得分低于3分，低危险；

得4～5分，中等危险；

得分大于等于6分，高度危险。

另外，只要伴侣发生过一次具有威胁性的行为（如扼住脖子使人不能呼吸，持刀相向，说出具体的威胁生命的话），那么，对方就有较大可能处于高度危险的境地。

常见的情况是，女性去意已决，没有了任何依恋的情感，男方还恋恋不舍。尤其是那些自认为曾经投入了很多时间、精力、金钱的男性。他们认为一旦女方离开，自己的投入便是沉没成本，无法收回。所以他们会竭尽所能来挽回那些不可承受的损失。他们会偏执地相信，只要他再一次道歉、再一次努力，女方就会回心转意,就会回到自己的身边。这时,女方也要清晰地表达自己的意思,不要让对方抱有任何幻想。

暴力伤害爆发的一个敏感时机是,男方突然发现自己的前妻或前女友已经有了心上人。在暴力伤害可能发生的特殊时期,女方做好任何万全的防范都不过分,尤其是要特别注意自己的人身安全。比如,在家时有家人作伴,外出时有朋友随同,特别是不要单独居住,更不要单独去偏僻的场合见对方。他可能说,我们再见一次面,最后解决我们之间的问题,你以后就彻底地自由了。这往往正是极度危险的信号。

拉姆案发生后,有媒体整理了裁判文书网上的 285 个杀妻案例。统计结果显示,只有 6 人被判处了死刑,也就是说,此类案件的死刑率仅仅是 2.1%;而一般故意杀人案中,死刑率是 59.1%。由此可以看出,杀妻者被判处死刑的可能性相较于一般故意杀人犯要低得多。

因为这种家庭暴力案件大多数是由家庭矛盾引发的,而如果杀人者有自首的情节,获判死刑的可能性是很低的。

从这些现象中,我们发现,只有女性自己注意安全是远远不够的。

现实情况是,那些意识到自己需要离开又开始行动的女性,可能在疏远、分居、离婚阶段就被男性伴侣伤害或者杀害了。

有时,即使女性想向他人或社会组织求助,也可能遭到拒绝,或者难以找到及时有效的资源。因而,杀妻、杀女友的现象应当得到社会更多的重视,并需要有配套的社会机制来保障女性的基本权利——人身安全。

如果女性朋友依据上面提及的这些信号，判断自己确实已经处于高度危险状态，一定要尽快向反家暴公益机构、社工机构求助。虽然这样可能也无法完全阻止暴力的发生，但是，有专业帮助总比没有帮助要好得多。

无论如何，如果生活中出现了这些"高危"的信号，请女性朋友务必主动积极地寻求家人、亲友及其他专业人士的救助与指导。因为你要面对的不仅仅是情感的破裂，还可能是一个极度凶狠的施暴者。

狂暴的杀人者：
家庭暴力的祸根

20世纪80年代中期，美国出现了一个臭名昭著的系列杀人犯。

一个巡逻警察在例行检查时，偶然地发现一个男子非法持有危险武器，而这意外的拘捕却牵扯出了数百起杀人案件。更令人震惊的是，在审讯中，这个犯罪嫌疑人一开始就很不耐烦，随后他竟然得意地说自己在过去的20多年中一共杀害了360至600人。

因为案件太多，这个犯罪人自己也记不清具体的数字了。他以炫耀的口吻向警方描述了他杀人的一些细节：第一次杀人时他只有13岁，他企图强暴一个17岁的少女，少女拼命反抗后被勒死。在和他母亲的一次争吵中，他扼住母亲的咽喉，又顺手抄起餐桌上的刀，在他母亲身上留下了十几个窟窿，然后强奸了母亲的尸体。在美国各地的州际公路上，小到10岁，大到七八十岁的女性，只要是孤身一人的女性和他相遇，几乎都是难以幸免。

这个人就是美国史上杀人最多的狂魔——亨利·卢卡斯。

我们知道，当今世界，青少年犯罪和毒品犯罪、环境污染一起成为全人类的三大公害。在世界各国，青少年阶段和成年初期都是犯罪的高峰年龄，其中的因素之一就是青春期危机。在青春期危机中，青少年的早期成长环境与之有着密切的关系。

在孩子的成长过程中，家庭教养的环境发挥着重大的作用。如果教育方式不当，就会留下隐患，其中，最为有害、危险的教育方式是溺爱和暴力管教。

那么，卢卡斯究竟是哪一种情况呢？

让我们一起来看看他悲惨的童年遭遇。

卢卡斯生活在父母关系紧张甚至对立的家庭，母亲酗酒成性，稍有不顺心卢卡斯就是她的出气筒，是她发泄愤怒的对象。他小时候就经常被母亲毒打，他的脑部因此遭受了创伤，甚至有一只眼睛都被母亲打瞎了。

长期遭受虐待使他变得毫无同情心，暴力已经成为他日常生活的一部分。可以说，这种暴力就像老师布置的家庭作业一样——每天都需要完成。这样，年幼的卢卡斯就在痛苦的经历中习得了对待暴力的不当态度，他认为自己不高兴的时候，就可以采取暴力的方式解决。比如，他从小就喜欢捕捉小动物，鸽子、小老鼠甚至邻居家的小猫小狗，然后把它们活活地折磨致死，甚至他还能从中得到一种替代的满足，并且乐此不疲，一发不可收拾。在卢卡斯的内心，暴力是这个世界上一种再自然不过的处理问题的方式，甚至还是一种有效控制他人、实现目标的很实用的方法。这样，他就慢慢地形成了接纳暴力、亲近暴力的生活态度。从犯罪心理学的角度来看，他小小年纪就已经形成了明确的亲近犯罪的态度。

另一方面，卢卡斯年幼的时候就遭受到如此的痛苦，在经历了无法逃避的极度恐惧和挫败感之后，必然会产生愤怒和仇恨，并在内心不断积累、不断膨胀，进而很快泛化到对所有人的敌视和仇恨——他以他人为敌。这种消极情绪的积累，进而导致复仇的想法。也就是说，早年承受的强烈而持续的暴力伤害，不仅仅反映在身体上，更会在心灵上留下痛苦和仇恨。在他年幼的心灵中就已经埋下了怨恨甚至仇恨的种子，只是等到青春期的时候生根发芽、开花结果，暴力杀人就是此般邪恶心理的自然果实。

在犯罪心理学上，这被称为心理伤疤造就的犯罪情结。这种犯罪情结在他的内心难以消除，是一种强大而持久的犯罪动力；其内在动力不消，他的犯罪行为就不可能停止。

同时，卢卡斯除了被暴力包围，他的家庭生活还充斥着色情的氛围。

他的母亲是酗酒成瘾的妓女。她在家里接客，不但从来不避讳儿子，还经常强迫卢卡斯观看。这直接导致卢卡斯形成了不正常的性观念。

"少成若天性，习惯成自然。"卢卡斯想当然地以为所有的性行为都应该像他在家里经常看到的那样随便，所以，当青春期性唤醒到来的时候，他丝毫不会觉得有任何必要去控制自己的性冲动。那时，有一种想法长期折磨着卢卡斯，为什么自己的母亲可以随意和任何人发生性关系，而自己却不行？可见，卢卡斯的犯罪动力是仇恨和性欲望的叠加，是两种本能欲望共同作用的结果。因此，他的犯罪行为具有了典型的本能犯罪、变态犯罪的特征。

最后，在母亲压倒性的控制欲的干涉下，卢卡斯和他的女朋友分手了。此时，愤怒的卢卡斯心理彻底崩溃，完全失去了理智，仇恨情绪和性本能冲动完全占据了他的内心，他杀死并强奸了母亲。此后，卢卡斯在仇恨宣泄和性本能满足的强化下，在杀人奸尸这条路上越走越远。他最喜欢猎杀的目标是公路上汽车抛锚的单身女性，她们孤立无援，毫无反抗之力。每当看到抛锚的车辆，卢卡斯就会停下车，以帮忙的借口接近受害者，然后用刀子疯狂刺杀这些女性，最后还强奸她们的尸体。

这种完全相同的作案模式，看上去似乎是一次次的重复谋杀、强奸他的母亲。从精神分析的角度来看，这种作案模式是犯罪人替代心理满足的体现。也就是说，这些被害人成了卢卡斯疯狂报复母亲的替罪羊！

就这样，仇恨与色情欲望成了卢卡斯持续的犯罪动机，也促成他习惯化的犯罪方式。可以这样打个比方：卢卡斯童年时经历的虐待和痛苦——身体的痛苦和精神上的痛苦，合成的心灵疤痕转换为狂暴的怒火，就像炸药一样的存在。当青春期到来时，尤其是在母亲持续的压力下，卢卡斯被迫和女友分手时，他的怒火就彻底爆发了出来。暴力杀戮也就成了卢卡斯生活中的常态。

由此可见，卢卡斯的心态已经在持续的、强烈的暴力下变得极为扭曲，他变成了一个十足的精神病态者，内心冷酷无情。并且，对他而言，暴力伤害他人是自己的快乐来源，暴力行为已经成为一种自动化的习惯和爱好。在法庭上，卢卡斯留下了那句常人无法想象的辩解："我喜欢杀人，这很普通，就像很多人喜欢出去散步一样，我们只是嗜好不同而已。我有这种需要的时候，就上街去随便找个人来满足一下。"

这样看来，卢卡斯如此得意于自己的罪行，这正是家庭暴力和家庭虐待的直接恶果。

我们也可以看到，暴力相向确实不是好的教育方式，无论家长是出于好意的惩戒，还是一时的情绪发泄，都可能造就一个反社会的人。

如果有人曾经不幸遭遇过家庭暴力，并且导致了一些心理创伤，此时，他应该如何面对？

一是，和自己的内心进行真诚、坦然的对话，原谅曾经粗暴相向的父母或其他的施暴者。其实，和愤怒的自己和解，那就是放过自己。也只有这样，才能不纠结于痛楚的过去，放下怨恨、放下心理的负担，才能更好地面向阳光生活。

二是，找一个合适的机会，和父母一起直面过去的伤痛，面对面、真诚地交流，创造谅解对方或消除误会的契机；另外，要记住，自己的父母也是第一次为人父母，多感受一下自己成长过程中父母的爱，原谅他们曾经的过失或者过错。

如果，此时，你内心的怒火还是久久不能熄灭，还可以主动和自己的朋友交流，获得朋友的心理支持，让自己的心情慢慢地好起来。实践证明，积极的情感关系是心理疗伤的一剂良方。此外，还可以从心理咨询人员那里获得更多的专业帮助。

无论如何，自己都要选择，那索性做一个真诚地面对自己、心态健康的人吧。

"开膛手杰克":
标准的冷血杀手

谁是"开膛手杰克"?

"开膛手杰克",Jack the Ripper,是一起系列杀害妓女案件的凶手的虚拟代称。

此系列案件是指1888年8月7日到11月9日期间,在英国伦敦东区的白教堂一带以残忍手法连续杀害至少五名妓女的案件。

据说,在警察到现场侦查的同时,一位外科大夫托马斯(Thomas Bond)也参与了对被害人的司法鉴定,并对案件的最后一位受害人进行了尸体解剖。这位外科大夫通过分析该被害人的伤口后得出推断:犯罪人是"一个外表温文尔雅、中等年纪、衣着得体,有着比较丰富的外科知识的人"。由于作案模式基本一致,于是办案人员判断这五起案件是由同一个犯罪人单独实施的,并且犯罪的血腥过程满足了这个犯罪人独特的心理、情感的需要。而且,在持续的犯案期间,凶手还多次写信至相关单位挑衅,却始终未落入法网。也因为其残忍的犯案手法,又经媒体一再渲染而引起当时社会的恐慌。这一事件似乎成为犯罪心理画像探索与研究的起点。

如今"开膛手杰克"依然是欧美文化中最恶名昭彰的杀手形

象之一。虽然案发距今已达 130 多年之久，研究该案的书籍等其他材料也日渐增多，但是因缺乏充分肯定的证据，凶手是谁仍然毫无结果，因而使案情更加扑朔迷离、迷雾重重。可是，"开膛手杰克"的"影"却通过媒体、摇滚乐、玩具等物品不断出没于西方大众文化之中。

那么，这个被称为"开膛手杰克"的犯罪人是一个什么样的人呢？

首先，他是一个连环杀手，他在近 3 个月的时间里连续地杀死了五名妓女。杀害的对象完全相同：都是后半夜上街招揽嫖客的三十多岁的妓女。作案手段相同：没有使用枪支，只是以尖刀杀人，每个被害者身上都留下了许多刀伤，有的多达 39 刀，并且多数有开膛剖肚、取走内脏的邪恶行为。这些现象反映了行为人对特定女性疯狂的情绪宣泄。

一般来说，每个连环杀手都有一段"冷静期"，多数为 30 天左右，而这名杀手的冷静期短的只有 10 天左右，这说明了什么？说明他施害、杀人的欲望非常强烈。

其次，连环杀手有许多类型，"开膛手杰克"属于哪种类型呢？

他属于享乐型，或者说他是一个淫乐杀人者。也就是说，这个杀人犯非常享受通过血腥、残忍手段杀人所带来的刺激，杀人能够带给他一种无比的兴奋感和快感，一种类似于性高潮的快感。

在此，大家会联想到影视作品中的哪个角色？电影《沉默的羔羊》中的心理医生汉尼拔·莱克特是不是这种人呢？是的，他正是这种人。他在杀害被害人前通过对被害人的身体伤害，如殴打、火烧、刀割、性侵害等方式来折磨被害人，以达到性刺激和欲望的尽情释放。

同时，这种施害人也可能通过精神折磨来实现内心特异的满足感：对方越是害怕、惊恐、尖叫、难过、痛苦、难堪，施害人就越是兴奋、满足，并沉浸其中，甚至还可能在杀死被害人之后对其尸体进行折磨，以此来达到性满足。

可见，这种连环杀人犯具备反社会人格障碍和精神病态的人格特征：他们没有基本的道德感，并且冷酷无情；他们自以为是，有一种病态的自恋，自认为是世界上独一无二的人，有特别的权力来操控别人。正如"开膛手杰克"认为自己有绝对的权力来决定这些妓女的生死一样。

所以，"开膛手杰克"是为了满足自己的本能欲望而杀人的，淫乐就是他的作案动机。这或许是"开膛手杰克"早期经历的心理创伤所导致的，也可能是以幻想为主要特征的精神疾病导致的。在早期的时候，他以暴力的性幻想为满足性冲动的方式，后来就发展到将暴力的性幻想付诸实施。

正如其他的病态性暴力犯罪人一样，"开膛手杰克"不用枪支杀人，因为枪杀会迅速导致死亡，这样会失去观察被害人痛苦过程的"乐趣"。

为什么选择妓女为杀害对象呢？很显然，这很可能与这个杀手的心理创伤有密切的关系。比如，他有一个做妓女的母亲；或者在和妓女的交往或交易中，妓女给他造成了巨大的精神痛苦；也可能是某个妓女和这个杀手自己的亲密关系人的关系，比如和他的家人的关系，让凶手遭受到了难以承受的精神打击。起初，他可能只和某个妓女发生冲突，后来才发展到血腥的杀戮。当然，开始也可能只是指向特定的某个妓女，后来才泛化到所有的妓女群体。由此可见，"开膛手杰克"杀人，具有典型的仇恨动机，妓女是他复仇的对象，这可以从他作案时宣泄的、原始暴力的方式看出来。由于这种愤怒感已经演化到精神病态水平，这种复仇就具有了血腥的享乐主义色彩，或者说，凶手是一个典型的施虐狂。

100多年过去了，这个"开膛手杰克"究竟是谁，至今仍然没有定论。但是，从犯罪心理画像的角度来说，他至少具有以下三个方面的明确特征。

第一，"开膛手杰克"是具有一些解剖知识和技能的人。在其中一起案件的现场，托马斯医生进行尸体检查，他发现被害人身上的刀口都很干脆利落，切割整齐，甚至连内脏切割得也很到位。在后半夜灯光昏暗的情况下能做到这点，这说明杀人者本身具备这方面的技能：他或者是外科医生，或者是屠夫之类的和人的身体或动物的肢体打交道的人。而且，凶手很可能是一个左撇子，这是根据被害人的刀伤大部分在身体右侧推断出来的。

第二，凶手作案时是一个35～45岁的中年男子。这是根据作案时需要的体力推断出来的，更主要是从精神病态的症状水平推测出来的。从严重的心理创伤发展到精神病态一般需要10年左右的内心煎熬和痛苦挣扎。如果这个男子在30岁左右时和妓女产生了仇恨，当他变成杀人狂的时候，已经是40岁左右了。当然，也不能完全排除女性作案的可能，比如因为某个妓女的行为导致她和丈夫的关系破裂，甚至给她带来了悲惨的命运，这个女人也可能演变为开膛手。如果凶手是女性，她作案时更可能采取背后袭击的方式。

第三，凶手很可能有偏执型精神疾病的治疗史，这可以从他作案之后多次给警方和媒体写狂妄的挑战信的行为推断出来。凶手的社会存在感很低，但是很想引人注目。这样可推知他是一个患有偏执型精神疾病的人。内心痛苦多年，他极有可能已经养成了酗酒的习惯，他很可能在早期寻求过医生的治疗而留下记录。当然，由于较可能居住在贫民区或附近，单独生活，他也没有什么关系密切的亲友。他的经济情况可能不太好，可能只治疗一两次就中断了。

由此可见，"开膛手杰克"是一个标准的冷血杀手，是一个残忍而狂妄的系列杀人犯；其杀人动机是愤怒、仇恨情绪的宣泄与杀戮快感的满足；其心理特征是反社会人格障碍与精神病态；其成因与早期心理创伤、人际情感危机有密切的关系；其冷血、原始本能的作案方式也成为病理性变态犯罪方式的典型样式。

同时，作为对"开膛手杰克"这个极度危险犯罪人的心理分析和案情演绎，自然地也成为经验式、逻辑推理的犯罪心理画像的经典模式。

爱德华大夫：
意乱情迷与犯罪行为

经典电影《爱德华大夫》是一部以精神分析为主题的早期电影。初听这名字，很多人会以为这部电影讲述的是爱德华医生的故事，实际上，这个医生在电影中并不是什么重要的人物，甚至在电影中都没有真正出现过。

《爱德华大夫》是1945年上映的悬疑电影，是悬疑电影大师希区柯克的早期作品。此电影的原名是《意乱情迷》（*SPELLBOUND*）。为什么取"意乱情迷"这个名字呢？意乱在何处？又为什么情迷呢？答案就在电影故事的演绎之中。

本影片讲述了一名因为早期受到心理创伤而有严重罪恶感的心理病人，在目睹了一场谋杀之后产生了失忆症，并冒充爱德华大夫接任精神病院院长的故事。电影的主线是一名漂亮的女心理医生与这位英俊的病人相爱的惊险故事。该影片是电影史上第一批以精神分析为主题的影片之一，获得了第十八届奥斯卡金像奖。电影的全过程弥漫着浓郁的精神分析氛围。电影的看点有：性本能、潜意识、罪恶感和梦的解析。

精神分析是西方现代心理学的流派之一，创立者是奥地利医生、心理学大师弗洛伊德（S.Freud），他和导演希区柯克都是犹太人,准确地说,这位导演是弗洛伊德的崇拜者。

正如电影的原名一样,其主题就是意乱情迷。故事的两位主角一见钟情,坠入情海后身不由己。这就是精神分析所说的性本能的力量。它具有强大的能量,在性吸引的作用下,在四目相对的那一刻,就决定了双方的命运。当然,这同时又引起了大夫同事们的嫉妒感。性的力量是如此强大,以至于当这个女医生发现这个院长是假冒的时候,也故意隐瞒真相,并冒着帮助杀人犯的风险去治疗他的妄想症,帮助他洗清犯罪的嫌疑。这表达的就是性本能,是人的激情,是发自心底的意愿和冲动。

这种情爱的力量如此强大,它完全可以对抗人的理性,而让情感左右人的行为。所以,精神分析的开创者弗洛伊德说:"一切都是性,性是一切事情的原动力。"正如电影中这名女医生的专业导师直截了当地指出的:"一位女性在恋爱之前,她是一名优秀的精神分析师,而当她恋爱之后,她就是一位纯粹的病人。"

这就是情迷的力量。

意乱,也可以说是潜意识的力量。潜意识,也称无意识,就是人们一时意识不到的心理状态。尽管人们意识不到,但它对一个人的心理和行为却起着重要的作用。

潜意识正如平静海平面之下涌动着的力量,虽然看不见,却深刻地影响着海平面上波涛的巨细变化。比如,电影中假冒的爱德华大夫,在他小时候弟弟意外死亡,他就把这种意外看作自己的过错,因而具有了强烈的罪恶感。虽然这种罪恶感一直被压抑着,好像是不存在了,也不会经常出现在自己的意识之中,但它却是客观存在的。当他在战场上受伤的时候,在接受心理治疗的时候，在目睹一场针对真正的爱德华医生的谋杀时，这种本来就存在的相似的罪恶感就被一次次地重新激活。由此也导致了他假冒爱德华大夫的身份来接任新院长的职位，好让这位院长"仍然活着"。实际上，他仍然不敢面对这种强烈的心理伤痛，而这些心理活动（机制）都发生在潜意识之中。

因为这种持续存在的心理创伤导致人的内心产生不同角色之间的矛盾，这就是弗洛伊德所说的人格冲突——本我、自我和超我之间的冲突。本我，就是原始的我，生物学意义上的我（执行及时快乐的原则）；自我，就是现实的自我（执行现实的原则）；超我，是道德化的自我（执行尽善尽美的原则）。它们三者之间存在的尖锐冲突，并不一定同时出现在清醒的意识之中，但是其矛盾、冲突会在心里隐隐作痛，忽隐忽现。所以，爱德华大夫会以失忆症、妄想症来间接表达，并以此逃避心中强烈的痛苦。当他看到类似凶杀现场（滑雪场雪道上的条纹形的图案）的场景时，就会立刻唤醒罪恶感导致的痛苦记忆而突然晕倒。这就是潜意识发挥作用时心灵的自我防御机制，是为了保护自己的心灵不受到更大的伤害。可见，潜意识的罪恶感是这部电影的另一主题，也是比较深刻、隐晦的方面。这就是意乱，是潜意识的力量在兴风作浪。

这电影的第三个看点，是对心理疾病的心理治疗。电影的女主角是一名心理医生，她对这名失忆症、妄想症患者的治疗采取了经典的精神分析方法——梦的解析。梦的解析也称释梦，就是对梦境的象征性表达，只要找到梦的真实意义，就能化解心理症状，就能恢复记忆。如梦境中有胡子的老头，代表的是真正的爱德华大夫；斜坡代表滑雪的场地；许多人的眼睛代表众多的监视者；汽车的轮子代表左轮手枪；大鸟的翅膀象征天使；等等。因为精神分析理论坚定地认为：梦是一个人愿望的表达，是有真实意义的。但它同时是曲折的、化装后的表达，以逃过意识的监督。另外，治疗的方法还有自由联想、口误分析等，这些都被认为是行为人内心世界被压抑的强烈愿望的潜意识流露，都是有真实意义的。正如电影的结尾，真正的谋杀者无意间说出，即将离任的他曾经见过真正的爱德华大夫，从而暴露出其潜在的犯罪动机一样，就是潜意识心态的流露。虽然这只是无意间的一句口误，却泄露了谋杀新任院长的天机。

在这部电影中，性本能、失忆症、潜意识、梦的解析、自我防御、犯罪情结等这些经典的精神分析观点在不停地演绎，有些是隐晦的，有些则是直观形象的呈现。这部影片可以作为学习精神分析的优秀教材，观众可以学到关于精神分析的基本知识。实际上，这些也是关于如何看待人性、看透人心的生活化讲解。

正如电影的片头引用的英国作家莎士比亚的名句：

"所有的过错责任并不是命运导致的，它完全在于你自己！"

邦迪：
英俊的冷血杀手

30多年前，有一部犯罪心理电影，获得了观众的好评，也获得了多项奥斯卡金像奖，这就是《沉默的羔羊》。它成为描写犯罪心理最为经典的电影。电影中有扣人心弦、紧张刺激的故事情节，有演员精湛的表演，还有美国联邦调查局破获的真实案件作为素材。影片的制作方还请来了当年破案的专家作为电影的学术顾问。

实际上，该电影中的罪犯原型之一就是被称为"英俊的杀手"的邦迪。

在20世纪七八十年代，在美国西海岸出现了一个连环杀手，专门猎杀年轻漂亮的白人女性，他就是泰德·邦迪（Ted Bundy）。

这个犯罪人完全颠覆了人们对连环杀手的传统印象。他外表英俊潇洒、举止文雅，很有幽默感，富有学识，精通心理学和法律知识，十分符合女性"完美情人"的标准。

邦迪先后作案30多起，确切犯罪案件的数量不详：从美国的西海岸，一直到美国中部、南部。他以直接暴力或者诱骗的方式至少杀害了36个白人女性。他的犯罪行为是赤裸裸的本能性犯罪，具体来说，就是性犯罪和血腥的暴力犯罪。

他采取原始方式虐待杀人，只使用利刃和棍棒，从不使用枪支，而且大多还伴随强奸、奸尸行为。在被害人中，除了一名12岁大的小女孩外，基本上都是20多岁的白人女性大学生。所以，他也被称为校园杀手。这些被害人，实质上都是他的第一任女友的替代报复对象。这种猎杀行为是一种象征性的报复。

此外，这个犯罪人在日常生活中伪装得很好，这是因为他的天赋，加上他曾经专门在大学中学习过表演艺术，所有认识他的人都不相信他就是那个连环杀手。有人夸张地说，认识他的人宁愿相信自己是罪犯，也不会相信他就是那个残忍的犯罪人。

那么，这个极具天赋又得到周围人称赞的人，为什么成了一个内心阴险的变态杀人狂呢？

关键在于他早期的成长经历。

邦迪出生于一个单亲家庭，家境很普通。母亲未婚先孕，后被男友抛弃，而她的家庭成员都是卫理公会的成员，对未婚生子的宗教禁忌非常在意。在这种特殊的家庭氛围中，他的外祖父为了避免流言蜚语，也是为了保护小邦迪，就自称是他的亲生父亲，让他的亲生母亲扮演他的姐姐。

年长的外祖父虽然性格粗暴，但对小邦迪却是宠爱有加。外祖父对邦迪的教育方式近于溺爱，以至于当年幼的邦迪出现小偷小摸或者撒谎等品行问题时，他也是听之任之；邦迪的母亲结婚后，又有了新的孩子，精力自然不会全部放在邦迪身上。更主要的是，在母亲的心中，有意无意之中，邦迪成了那个抛弃她的前男友的投射对象，她对邦迪倾注的不可能全部是爱，也潜意识地投射着对前男友的怨恨与愤怒。

虽然从小聪明伶俐，但是，邦迪并没有建立起对父亲、母亲应有的安全、依恋和归属感，他实际上是在孤独的环境中长大的。到高中时，他已经变得很不自信了。他的内心很压抑，没有什么亲密的同伴，他甚至怀疑是因为不好的基因而导致自己经常感觉到无聊、闷闷不乐。当有女孩向他表达出喜欢之情的时候，他甚至不相信这是真的，他肯定地以为别人在戏弄他。虽然外表俊朗，但他还是认为自己并没有什么值得他人喜欢的地方。

在青春期这个特定时期，一个偶然的事件严重地影响了他。有一次，他透过邻居家的窗户看见了一位裸体的女性，这让他兴奋不已，同时又有些罪恶感。

这一经历让他沉迷于幻想之中，在青春期荷尔蒙的作用下，他沉醉于强烈的性幻想之中。后来发展到，他甚至制订了周密的日常计划来实施与管理自己的偷窥行为。

而这时候，社会上的色情、暴力杂志大大地助长了他的性幻想、性冲动。实际上，此时的邦迪已经具有了一定的危险性，只是被"超我"（道德化自我）压抑着而已。但是压抑得越久，危险性就越大。也就是说，青春期的自卑和压抑已经在邦迪的心中埋下了心理变态的种子。

接下来的大学生活里，邦迪有一个被救赎的机会。他遇上了一个他爱恋的女性，也就是他的第一任女友，一个能够满足他性幻想中所有完美标准的女人：高挑性感的身材、优雅的举止、富裕的家庭。经过他的努力，两人很快进入了热恋状态。然而，好景不长，过了一段时间，不知道什么原因，女友不那么喜欢他了。是性格的原因，还是家庭的极力反对？或者两者都有？反正，她的女友明确地回避、嫌弃他了。

这让邦迪一下子又被推下了自卑与挫败的悬崖。而且,还有更为致命的消息接踵而至,他偶然得知,他原以为的父亲,原来是他的外祖父,和他一起生活的姐姐是他的亲生母亲!他立即想到:我原来早早就是被抛弃的!

从此,邦迪就开始报复他人,开始以他的女友为原型报复年轻漂亮的白人女性。虽然后来他又结交了一个年轻漂亮的女友,但她更像是一个临时的替代物。邦迪后来又偶遇了他的第一任女友,并千方百计地重新获得了她的芳心。可是,在刚刚订立了婚约之后,他却消失得无影无踪。因为,在他的心中,对第一任女友只有愤怒,已经没有了一丝丝原先的爱恋之情。

实际上,办案警察至今也不知道邦迪第一次杀人是在什么时候,一共杀害了多少人。他在后期进行的是自杀式的犯罪。在了解到佛罗里达州有死刑规定后,他就在那里进行毫无掩饰的犯罪。在被判处极刑之后,邦迪也没有丝毫的悔罪和恐惧之心,并在上电椅之前和精神病专家进行了长达两个小时的深入交谈。这也可以看出,像邦迪这样的精神病态者,即使面对死亡,也没有多少恐惧之心。

从上面的描述,我们看到了连环杀手邦迪的心路历程:怪诞的家庭关系,假扮的父亲、假扮的姐姐,造就了邦迪孤独的童年;在青春期性激素的作用下,产生压抑、自卑的极度体验,色情暴力的刺激大大加速了他的变态心理的发展;被爱恋的女友抛弃后,再一次给他带来了重大的情感创伤,再一次撞击了他早已经严重自卑的伤口。

极端的自卑感和情感挫败感这两种心理创伤的相互强化与叠加，酿成了日后的疯狂杀戮。这与大多数的连环杀手的经历有着惊人的相似。

至于为什么在杀害行为之后还有奸尸行为，正如他自己在归案后供述的那样：他经常会回到案发现场，躺在被害人尸体旁边，详细地回忆杀害的过程和被害人的反抗。这样，仿佛就可以满足他对年轻女性绝对的占有欲和控制欲。如此看来，其背后还是极端的自卑与愤怒的心理在作怪！

我们经常说，人是社会性动物。从进化心理学的角度来说，人要生存和发展好，一是靠智力，二是靠社会性的情感。只有高智商没有高级情感的人，是不能成为真正意义上的人的。

正如邦迪，他具有超高的智商，能够轻松地获得两个大学学位（心理学与法学）；还主动帮助联邦警探分析和侦破著名的"绿河杀手"案件；被抓捕之后，能够在法庭和监狱两次成功脱逃；在法庭上，能够运用法律知识和心理学知识为自己辩护，甚至可以侃侃而谈，头头是道，以至于案件拖延了近十年才得以完结。他在连续犯罪之后，丝毫没有悔罪之意，不受任何道德感的约束。最后只能沦为一个外表光鲜但内心冷酷无情的精神病态者，成为一个极端危险的杀人狂。

这就是连环杀手邦迪的心路历程，也是一个人间魔鬼的成长史。邦迪正是具有典型的精神病态、冷酷无情人格特质的变态犯罪人，是极端危险少数人的代表。

猫鼠游戏：
高智商、高情商的犯罪

在真实的猫鼠对抗游戏中，猫很灵活，老鼠也很机智。

有一部经典电影的名字就取其隐喻——《猫鼠游戏》。这部电影的另外一个译名是《逍遥法外》，其英文的原名是《有本事你就来抓我！》（CATCH ME IF YOU CAN！）。名字很直白，本身就很具有挑战性。

这部影片根据一个诈骗犯的故事改编而成，讲述了一名美国联邦调查局的警探和一名擅长伪造银行支票的少年诈骗犯进行的一场场猫抓老鼠般的心理较量。

电影描写了一名习惯性的、持续性的少年犯罪者。他开始作案时只有16岁，但是作案的胆量和手段一点也不逊色于成年的诈骗惯犯。他胆大心细、机智灵活地进行银行支票诈骗。在刚刚开始诈骗的一年多时间里，他就已经骗得100多万美元，在十几年的犯罪生涯中，共诈骗获得了400多万美元（这可是20世纪60年代的资产价值）。他通过伪造支票、伪造身份以及花言巧语的交际特长，冒充飞行员、医生、律师，场场诈骗精彩呈现，基本上没有失手。

他作案手段老道熟练，让经验丰富的办案警察一直以为他是一个成年的老诈骗犯。所有的这些操作，让欧美各大银行、航空公司以及美国警方头痛了十几年。他没有受到丝毫的惩戒，这也是这个青少年犯罪者持续犯罪、难以收手的主要原因。

相应地，他认为，诈骗并不是什么见不得人的事，只是通过自己的聪明才智去获得自己想要的生活的手段。这在犯罪心理学上称为亲犯罪的生活态度。

可见，这个罪犯具有典型的反社会人格，而且是具有狂妄特点的反社会人格。

这个少年诈骗犯为什么如此狂妄呢？

这就是电影的第二看点——高智商犯罪。

这个少年确实是聪明过人，他进行欺诈犯罪之前就是如此。比如，他转学到新学校的第一天，就假扮成一位代课老师，教训了在楼道里欺负自己的大个子同学，甚至成功地当了一个星期的代课老师，还组织班上同学去实习考查，还亲自组织家长会。这对于一个没有预先计划的16岁少年来说，确实需要过人的胆识与才气。他小小年纪就发现了银行支票支付系统中的漏洞。他花言巧语，能说善辩，在各种情景下都能很容易地获得他人的信任；他成功地扮演各种角色，机智灵活，连专业性很强的飞行员、医生、律师都不在话下。他还能仅仅靠两个星期的时间就自学通过美国联邦律师资格考试；即使在犯罪现场，或者被当场抓获的情况下，也能机敏地设法从警察眼皮底下逃走。

这些行为不仅需要足智多谋，还要有极强的心理素质，以及临危不乱的能力。但是，所有的这些智慧都用在了违反规则、违反法律的行为上，用在了充满伪装、精巧表演的犯罪活动中。这种高超的伪装性和细致的行事风格，让所有和他共事的人都信以为真，一点也不怀疑他是一个假冒的飞行员、假冒的医生、假冒的银行职员。

他被当时的媒体赞誉般地称为"空中的JAMES BAND",就是飞行中的英国特工007。也正是因为他有着持续成功的犯罪经验,导致他自鸣得意、狂妄不羁,根本不在意和办案警察的对抗,甚至敢于直接面对办案警察的挑战。相应地,他越发具有了强烈的表演欲和控制欲。这是电影原名所表达的犯罪者心态:"有本事你就来抓我!"这正是这种人狂妄心态的真实写照。

显然,这位电影主角的道德观念出了问题,在青少年时期没有建立起符合社会规则的观念体系,反而有了一种稳定的亲犯罪态度,即反社会观念和反社会情感。

低道德性导致他持续诈骗,满足于过着一种寄生虫般的生活。但是,他并不是天生的犯罪人,他的犯罪行为看起来并不邪恶。他诈骗银行、航空公司(并没有诈骗个人财物),只是为了夺回自己"曾经失去的东西"(比如自尊心、自信心和亲情)。所以,他是可以被改造的,在适当的环境下是可以浪子回头的。

行骗13年之后,他被抓获归案,而且在警察的循循善诱中,他又成功逆袭。他被安排在联邦调查局的支票反诈骗犯罪部门工作,利用自己的诈骗专长和经验,协助维护500多家银行支票系统的安全,为打击支票诈骗犯罪发挥自己的正向作用。这又演绎了一场浪子回头金不换的精彩后续篇章。

那么,这个高智商、高情商的年轻人怎么会成为一个精于诈骗的人呢?

回顾他的成长历程可以发现,早期家庭的不良教养方式导致了他的人格产生偏差,也顺势造就了他后续的行为。具体而言,至少有以下三个方面的诱因。

一是，在家庭面临经济压力的时候，他的父亲送给他一个空白的银行账户作为16岁的生日礼物，并告诉他："银行就是你的财富保险箱"。这算是一个财富的诱惑刺激。

二是，在父亲的言传身教下，他很快习得了巧言令色、花言巧语、小恩小惠的交际风格，他相信这是取得他人信任、实现自己目的的捷径；他母亲用"金钱来弥补、掩盖自己情感出轨"的做法也教会了他伪装技能。

三是，当看到父母关系紧张的时候，他的内心强烈地想通过获得非法的、意外的财富来恢复曾经温暖的家庭生活（起初的动机是善意的、简单的）。

如此这般，在青春期危机的当口，他的聪明才智就自然地用到了诈骗、伪造票据的行为上。起初的违法犯罪没有得到父母及时、坚决的制止，也没有得到法律的惩戒，以至于他在犯罪的道路上越走越远。虽然后期他有所悔悟，但是，在习惯性行为的驱使下，还是难以自觉地回头。

这就是《猫鼠游戏》中所描写的反社会人格犯罪者——弗兰克·阿巴内尔，一个真实的诈骗犯的犯罪过程和浪子回头的故事。

虽然他与精神病态者同样具有反社会性、反社会观念、反社会情感和反社会行为，并且犯罪风险性很高。但是，他的内心并不邪恶。比如，他和他所爱的人的交往是真诚的、负责的，他对父母的爱也是真挚的。他内心虽然很孤独，性格很反叛，但是他仍然保存着基本的道德感和良心，他是可能被改造、重回正道的。

这是由于错误的教养方式导致的反社会人格者与天性邪恶的反社会者的显著差异，也与反社会人格的升级版本——精神病态者有着本质的区别。即他有确定的反社会性，但无邪恶的内心！

窥探：
极度危险的病态人格

2021年，韩国悬疑电视剧《窥探》，一开播就冲到了日播榜的冠军。大多数观众关注的是对剧情的解析，大家更多地在推断、猜测凶手究竟是谁。那么，我们现在就从犯罪心理学的角度来剖析这部电视剧中的犯罪者。

电视剧的开头直奔变态主题，有杀人全过程的细致刻画，血腥而残忍。

此电视剧改编自2017年发生在韩国仁川的一起女童分尸案。

犯罪者，竟是一名患有严重精神疾病的17岁少女。

在审讯中，她被问到最痛苦的事情是什么。

这个女孩若无其事地回答道："天气那么好，我却无法去看樱花，这令我感到十分痛苦。"可见，她对自己犯下的罪行没有一丁点儿的忏悔，也没有丝毫的负罪感。

这名犯罪少女如此这般的回答让民众感到震惊。但是究其原因，神经犯罪学家则认为，她很可能是缺少了一种"镜像神经元"。"镜像神经元"的功能主要是反映他人的行为、迅速理解他人的意图、体验他人的情感等，它被认为是在进化过程中人类脱离猿类而走向更高文明人科人种的生物学基础之一。"她无法感知、体会到他人的痛苦，这注定她从出生时就和平常人不一样。"因而，她最终成了一个极度危险的病态人格者。

这种情况也很类似于《心理测量者》《少数派报告》中的剧情，它们都涉及大家关心的三个核心问题：有没有犯罪基因？危险的基因会遗传吗？在现实中对这些天生具有高度危险性的人进行预先监管、打击的可能性如何？

"窥探"本意是指暗地里观察。电视剧《窥探》对应的英文名是 MOUSE，原意是指科学实验中常用的对象——老鼠，或者隐喻老鼠身上天然带有的致命病毒！电视剧中的杀人者具有高伪装性，甚至气质儒雅，富有学识，但是其内心却冷若冰霜，缺乏基本的人性。

那么，在现实生活中有没有这种真实的病态人格者？答案是肯定的，肯定有！

当然，他们可能具备的这种作恶的潜质，未必都会导致他们成为现实的犯罪者，因为只有一部分的病态人格者会去实施犯罪行为，尤其是暴力犯罪以及性侵害。形象地说，你可能有一两次会想象去伤害一个人，而某个人可能已经在心里精心地设想好几百次了，那么这个人就是病态人格者，是一个暴力犯罪的病态人格者。他们平常就可能是一个性情暴躁的人，全身上下、从内向外都渗透、弥漫着一股戾气，像一个火药桶一样，是一点就会炸的人。同时，他们也可能是精心策划的掠夺者、捕食者，以伤害他人为乐的邪恶之人。

我们从科学的角度来分析，这种说法有什么依据吗？神经犯罪学的实证研究已经清晰地证明，有的人天生就具有这种潜在犯罪的危险性。

一方面,他们是那种脑功能发育不良、有病理缺陷的人。前文提到的那个17岁的少女就是这种情况。因为缺乏"镜像神经元",缺失理解他人意图、体验别人情感的神经功能,这种人更可能进行掠夺性犯罪或者血腥的暴力伤害,从中得到一种病态的欣快感。也就是说,她从伤害别人的过程中能够体会到一种无比的欣快感,像是一种自我奖励的行为。这样,即使面对和她没有任何仇恨的人,她也完全可以以血腥的方式伤害对方。这些缺陷就是病态人格的生物基础。大家在看电视剧《窥探》时,可以对照一下,那个反派是不是都全部具备了这些险恶的特征。

另一方面的证据指向犯罪基因。这个概念实际上是新闻媒体的发明,学术上的概念是战斗者基因(Warrior Gene),这是通过遗传而来的一种生物酶单胺氧化酶A(MAO-A)的相对缺乏,它会使一个人更多地表现出蛮横霸道的性格特点。这种基因缺陷在20世纪90年代就发现了,它的攻击特性在老鼠等动物实验中得到验证,也在习惯性犯罪人群的检测中被发现,还在特定的原始族群中得到了印证。

我们再来看一个案例。

1966年7月13日晚上,理查德·斯帕克在美国芝加哥制造了一起轰动性的凶杀案——一夜之间,他在护士学生宿舍残忍地杀害了8个护士。受害人的肢体被匕首深深地刺了数十刀;其中两个最漂亮的护士生前曾遭到强奸,还有多个人的内脏被挖走!

这个恶魔很快被抓获了,医学专家全面检查他的身体时,发现了一个惊天秘密:理查德·斯帕克的极端凶残行为竟是源于他比正常人多了一条 Y 染色体！医学上把这叫作 XYY 综合征。因为正常人的体内都是 46 条染色体，而他又多了一条具有男性特征的 Y 染色体，这导致他的攻击性更强，从而成了最具暴力的"超级男性"或"超雄"。后续的调查发现，在普通人群中，每 1000 个男性中仅有一人具有两条 Y 染色体；在一些犯罪人中，这个比率高出 5 倍；在暴力犯罪人中，这个比率甚至会高出 20 倍。由此可见，与基因密切关联的染色体异常对越轨、暴力行为有明显的驱动作用。

当然，还有其他的一些神经学证据。比如，天生低静息心率者攻击性水平较高、注意缺陷与多动障碍者演变为犯罪者的风险较高，雄性激素高的人成为强奸犯或病态性侵害者的风险较高，等等。这些消极的神经生物因素 90% 以上都是通过遗传（隐性、显性遗传表观）而来的。如果具有这些消极生物因素的个体，在早期成长环境中遭遇了重大的心灵创伤（如虐待、忽视、抛弃，或者重大的情感丧失），他的前景就不容乐观。也就是说，他们很可能在年幼时就已经埋下了仇恨的种子，只等青春期时诱发事件下的爆发了！

《窥探》这部电视剧讲述的不只是犯罪基因，还涉及一些法律法规和伦理道德之间的关系，它抛出的问题很有挑战性。比如，如果可以通过基因检测确定胎儿为精神病患者，你是否选择把孩子生下来？这是非常具有争议性的伦理问题。

这样看来，确实有极少数人天生地比别人更为危险，那么，是不是就像电视剧里演的那样，可以提前检测出来并进行治疗或干预呢？对于这个问题，目前理论上可以尝试讨论，但难以付诸实践。

为什么呢？

首先，当前神经犯罪学的理论，在证据层面并没有达到系统、稳定的水平。也就是说，这个领域还存在着一些尚未完全确定的状况，比如战斗者基因是明确的生物指标，但是如果携带这个基因的人年幼时的成长环境很好，那么，积极的情感就完全可以降低其犯罪的风险，甚至将其攻击性转化到进取心或创造性方面，使其成为追求成功的动力。

其次，个体之间的差异、相应的法律制度及监管机制、伦理道德等方面并没有统一的标准。那如何能在实践中进行这种干预呢！

可见，《窥探》中的司法干预做法只能是一种假想。

但是，现实中有没有这种尝试的冲动和努力呢？

英国著名的神经犯罪学家阿德里安·瑞恩（A.Raine）通过调查研究发现，22%的谋杀案是那些刑满释放的暴力犯所为。因此他设计出了一个暴力犯罪的预先干预计划——龙布罗梭计划（Lombroso Program）。

龙布罗梭（Lombroso）是意大利犯罪学家，实证犯罪学派的代表人物，也是天生犯罪人假说的首创者。他通过自己的实际观察和检测得出结论，认为天生犯罪人在惯犯中占三分之二以上。他认为这些人是原始野蛮的犯罪人，是通过遗传而来的犯罪者。100多年之后的神经犯罪学家瑞恩把自己的干预计划取名为龙布罗梭计划，就是隐含地承认天生犯罪人、危险的病态人格者的存在。

实际上，此干预计划的真正名称是《防范谋杀的主动性法案：

对罪犯筛选的脑研究计划》(*Lombroso Program, Legal Offensive on Murder: Brain Research Operation for the Screening of Offenders*)。这个构想包括暴力风险水平检测、儿童健康筛选计划、准生证制度等具有挑战性的做法,他认为完全可以借助这些方法找到犯罪的生物学指标,也可以大大降低暴力犯罪率。这个计划中,有的还真不是单纯的构想。比如,美国的亚拉巴马州在2019年10月就通过了法律,对犯强奸罪的惯犯实施节育手术,否则就必须永远被监禁,不得回归社会。再比如对强奸幼女的强奸犯实施化学阉割的做法在不少国家已经成了明确的刑法规定。这些就不是设想了,而是现实的做法,是提前干预的实施方案。

科学的进步让我们看到极少数病态犯罪的动力来源,尤其是对反社会人格者和精神病态者的神经学实证研究成果,这确实让我们有了更多的有效手段对潜在风险罪犯进行提前干预,这其中就包括神经治疗的策略。

但是,在这条探索的道路上,仍然有许多棘手的问题需要解决,如系统的因果证据及有效而稳定的干预对策、干预技术等。

我们相信,魔高一尺,道高一丈!现代应用犯罪心理学及其相关科学技术的进步,一定能在打击犯罪、预防犯罪、矫正罪犯心智方面提供越来越可信赖的支持!

附录
犯罪风险：黑化指数检测

请测试者如实回答以下假设性的情境问题：

（请在三分钟时间内快速完成作答）

1. 我很确信地知道，在同年龄的人群中，很难见到比我帅气、能力比我强的人。

A. 不符合　　B. 不确定　　C. 完全符合

2. 我是一个独一无二的人，我应该拥有绝对的控制权，而不需要服从其他人的什么权威或规则。

A. 不符合　　B. 不确定　　C. 完全符合

3. 看到别人虐待小动物时，我也有一种难以言状的冲动和兴奋感。

A. 不符合　　B. 不确定　　C. 完全符合

4. 我认为，道德规范只是强者为弱者设定的约束规则。

A. 不符合　　B. 不确定　　C. 完全符合

5. 如果我犯下了什么大的过错，那肯定是因为不利的外界环境、不恰当的规则，或者其他人的原因造成的。

A. 不符合　　B. 不确定　　C. 完全符合

6. 我认为只要实现自己设定的目标，采取什么手段并不是太重要。

A. 不符合　　B. 不确定　　C. 完全符合

7. 我时常会想象一种鲜血淋漓的场景，期间我并不会感觉到别人所说的恐惧，反而有一种难以名状的欣快感。

A. 不符合　　B. 不确定　　C. 完全符合

计分标准：

A：0分；　　B：1分；　　C：3分

犯罪倾向等级对照表：

总　分	犯罪倾向等级	潜在犯罪风险
0～3	0级	无犯罪风险
4～6	1级	轻度犯罪风险
7～9	2级	中度犯罪风险
10～21	3级	高度犯罪风险

不同等级犯罪倾向说明：

0级：无犯罪风险

犯罪心理倾向：无或者极低

核心人格特质：宽容、忍让、平和

认知与情感均衡，客观而理智；

心地善良而心态稳定；

过于自我克制，常常成为受气者，或委曲求全；

自身受到的伤害多于对外攻击的破坏性；

黑化心理机制：挫折—愤怒—攻击

犯罪风险类型：报复（反抗）型犯罪或情景性冲突

1 级：轻度犯罪风险

犯罪心理倾向：嫉妒犯罪

核心人格特质：中等以上真诚度

内心原则性强，质朴、情感细腻；

多数情况下，情感的力量大于理性；

待人和善，具有较好的亲和力；

有时过于相信他人。

黑化心理机制：嫉妒—愤怒—攻击

犯罪风险类型：情绪—情感型犯罪

2 级：中度犯罪风险

犯罪心理倾向：冲动型犯罪

核心人格特质：直爽、情绪化

对人坦诚；雷厉风行；

认知偏于激进，多属情绪化认知模式；

冲动性的行为习惯，不喜欢阴谋诡计。

黑化心理机制：偏激—冲动—攻击

犯罪风险类型：反应性（情绪性）犯罪，热血犯罪、激情犯罪

3 级：高度犯罪风险

犯罪心理倾向：偏执性、反社会性犯罪

核心人格特质：自恃精明与强烈的自我中心倾向

行为注重修饰性,表演才能较强;

有强烈的进取心与对外攻击性;

强烈的自恋倾向,行为风格独特,内心强大;

精于目标策略,手段干脆利落,不留后患;

对冷静理性的需要大于亲密情感的需要;

有超强者的意识,不畏权威与危险,敢于突破规则,处理问题绝不拖泥带水;

各种情形下都能很好地照顾自己的利益。

黑化心理机制:主动策划的目标取向—攻击

犯罪风险类型:掠夺性(工具性)犯罪,冷血犯罪、精心计谋犯罪

说明:

由 0 级到 3 级,犯罪风险渐渐升级;

由 0 级到 3 级,从行为人由易受伤害向对外攻击演化;

黑化心理机制解析的内容是犯罪心理演化过程的核心力量与路径;

犯罪者的人格特质是驱动犯罪风险的内在原因;

犯罪风险是潜在的犯罪倾向,并非现实的犯罪行为,犯罪行为受到主体犯罪决策与社会环境、犯罪情景等因素的共同作用。

特别提醒:

此检测为一般的描述性推测,并非精确的判断,仅供学习者自测参考与自我审查。

物有其本，事有其源。

回头看多远，向前才能走多远。

对犯罪人心理的探索，也是对自我心灵的深刻反观！